Mit Achtsamkeit zur Selbst- und Feindesliebe

Simon Servani

Mit Achtsamkeit zur Selbst- und Feindesliebe

Ein christlich-buddhistisch orientierter Ansatz

Cover-Idee: D. Hyska
Cover-Gestaltung, Layout und Satz: publish4you, Roßleben-Wiehe
Zeichnungen: © C. von Elm – Die Zeichnerei
Lektorat: A. Schenker
Herstellung und Verlag: BoD – Books on Demand, Norderstedt

ISBN: 9783754324615

Inhalt

Für alle,
die ihre inneren Feinde lieben wollen

Einführung

Vor vielen Jahren erzählte ein Journalist (anonymisiert) im Fernsehen, wie es ihm im Ashram eines indischen Gurus erging. Ich fand seine Ausführungen interessant, da ich damals selbst mit dem Gedanken spielte, nach Indien zu gehen, um mir dort einen spirituellen Lehrer zu suchen. Niklas, wie ich ihn hier nennen möchte, lernte den „Erleuchteten" bei einer Veranstaltung in Deutschland kennen und war sofort so benommen von dessen Ausstrahlung und Worten, dass er kurz darauf seinen Job kündigte, sein Diener wurde und ihm blind folgte. Erst nach und nach lernte er die menschlichen Züge des Fake-Messias kennen. Der Guru versuchte seinen Anhängern das Geld aus der Tasche zu ziehen, spielte die Jünger gezielt gegeneinander aus, belog und betrog sie und hatte mit verschiedenen Anhängerinnen Affären, obwohl er mit einer von ihnen verheiratet war. Als sich Niklas in eine der Dienerinnen des „Gottgleichen" verliebte und der Meister deren Verhältnis bemerkte, musste Niklas um sein Leben bangen, denn auch diese junge Frau war eine Liebschaft des „Erleuchteten". Niklas verließ Hals über Kopf den Ashram und beendete damit diesen spirituellen Horror-Trip.

Der junge Journalist erzählte im Interview, dass er es trotzdem nicht ausschließen will, irgendwann wieder ins Kloster zurückzukehren, da er von dem Charisma des Gurus immer noch wie benommen sei.

Ich war ob dieser extremen bzw. fortdauernden (emotionalen) Abhängigkeit schockiert, aber somit auch gewarnt, mich nicht leichtsinnig in fremde Hände zu begeben. Was zu jener Zeit noch in Niklas vorging, schilderte er in besagtem Gespräch nicht. Doch ich erinnere mich noch sehr gut daran, welche abfälligen Gedanken mir durch den Kopf geisterten, nachdem ich den Fernseher ausgemacht und den glücklich lächelnden Pseudo-Heiland im Internet gefunden hatte. Niklas war für mich ein armes Würstchen und der „Gottgleiche" DER Ausdruck des Bösen. Ich empfand den indischen „Meister" als Feind und verurteilte ihn für das, was er Niklas angetan hatte. Und im Laufe der Zeit stand nicht nur dieser Fake-Messias an meinem inneren Pranger, sondern alle Gurus. Ich hielt jeden von ihnen für einen Betrüger, von dem ich mich besser fernhalten sollte. Das Ergebnis war, dass ich mir damit wider besseres Wissen künstliche Feinde schuf, denn keiner von ihnen hatte mir persönlich je etwas angetan.[1] Irgendwann fand ich meine Gedanken seltsam, weil ich eigentlich immer der Meinung war, dass man nur auf der Grundlage persönlicher Erfahrung urteilen sollte. Da ich aber weder Niklas noch den „Erleuchteten" oder seinesgleichen jemals kennengelernt hatte, konnte ich mir auch kein Urteil über sie erlauben.

Und noch etwas fiel mir auf. Je länger ich darüber nachdachte, warum ich eigentlich wirklich nach Indien wollte, desto mehr spürte ich, wie unglücklich ich war, ohne dass es dafür einen konkreten Anlass gegeben hätte. Ich bekam zunehmend das Gefühl, dass meine ursprünglich angedachte Indien-Reise eher ein Ablenkungsmanöver war, um mich nicht mit mir selbst konfrontieren zu müssen. Mein Problem reichte also über das Guru-Phänomen hinaus bzw. hatte gar nichts mit Gurus zu tun. Warum konnte ich nicht einfach glücklich sein?

Im Laufe der Zeit fand ich einige Antworten. Es war offensichtlich, dass Niklas' Geschichte verleugnete Persönlichkeitsaspekte in mir aktivierte, mit denen ich nicht im Reinen war und die die Wurzel meines „Unglücks" darstellten. Als ich mir überlegte, was ich dagegen tun könnte, kam mir als Erstes das Wort „Selbstliebe" in den Sinn. Ich schlug es sogar im Wörterbuch nach.

Liebe leitet sich u.a. von dem mittelhochdeutschen Wort *liep* ab und geht auf das indoeuropäische Wort *leubh* zurück. Als Adjektiv (lieb) wird der Charakter der Liebe als z.B. *wert, angenehm, freundlich* und *herzlich* wiedergegeben.[2] Das heißt, wenn ich mich selbst liebe, bin ich mir viel *wert* bzw. mir *freundlich* und *herzlich* gesonnen. Anders formuliert: Ich bin in der Lage, meinen persönlichen Wert als Mensch wirklich zu schätzen!

Diese Gedanken waren ein erster guter Schritt auf dem Weg zum Glücklichsein, denn sie erzeugten in mir eine positive Resonanz. Und heute ist für mich außerdem klar: Wenn sich ein Mensch wirklich wertschätzt bzw. liebt, dann ist er glücklich, so wie er ist, weil er all das akzeptiert, was zu ihm gehört. Insofern ist die Selbstakzeptanz nicht nur ein Ausdruck der Wertschätzung bzw. Selbstliebe, sondern unterstützt ganz erheblich das Gefühl, glücklich zu sein.

Nach diesen ersten Gedanken zum Thema Selbstliebe fing ich an, zwischenmenschliche Kommunikation und Verhaltensweisen zu beobachten, und führte offene Gespräche mit Menschen, die an diesem Thema ebenso interessiert waren. Einige ihrer Geschichten sind direkt oder indirekt in dieses Buch miteingeflossen. Darüber hinaus setzte ich mich mithilfe spiritueller Techniken des Buddhismus und des Yoga mit mir selbst auseinander, denn ich wollte unbedingt Antworten auf folgende Fragen finden: Wie kann ich mich selbst mehr lieben und welche Auswirkungen hätte diese gewonnene Selbstliebe auf diejenigen, die ich ohne persönlichen Grund als Feinde ablehne und verurteile? Würde ich sie dann immer noch als Feinde sehen?

Was diese Fragen anbelangt, bin ich inzwischen zu einer überraschenden Einsicht gekommen. Zwar würde ich Niklas' Guru nicht unbedingt zum Abendessen einladen, aber ich sehe ihn heute nicht mehr als Feind – und genauso wenig alle anderen (indischen) Gurus. Vielmehr lehrten sie mich auf indirekte Weise, dass ich die Liebe zu mir selbst mehr entwickeln sollte und dass hierfür die Arbeit mit eigens konstruierten Feindbildern wichtig ist. Wie ich dazu kam, erzähle ich Ihnen in diesem Buch.

Vorgehen

Ohne die eigenen Persönlichkeitsanteile zu kennen, die charakteristisch für die Selbstablehnung sind, kann man sich nicht lieben lernen. Deshalb möchte ich Ihnen in einem ersten Schritt einige davon vorstellen. Aus diesen Schatten-Facetten – die ich *innere Feinde* nenne –, können sich Feindbilder entwickeln. Um zu überprüfen, inwieweit Sie sich solche künstlichen Feinde erschaffen haben könnten, stelle ich Ihnen im ersten Kapitel einen zum jeweiligen *inneren Feind* passenden Selbsteinschätzungsbogen zur Verfügung.

Nach der Vorstellung meines „Feind-Konzeptes" bedarf es die Frage zu beantworten, was Selbstliebe im Detail bedeutet, mit dem Ziel, die *inneren Feinde* lieben zu lernen und selbst erschaffene Feindbilder bezüglich anderer Menschen abzubauen. Für den abendländischen Kulturkreis bietet das Christentum die passenden Antworten, weil es dort viele Bezüge zur Liebe gibt. Ich lege dabei den Fokus auf den zentralen Liebesbegriff des Neuen Testaments. Danach geht es darum, wie man diese Liebe konkret vorbringt. Es braucht dafür eine „Liebes- bzw. Verwandlungs-Technik", die sich in der Achtsamkeitstradition des Ostens findet. Hierbei beschränke ich mich auf die Klärung des Achtsamkeitsbegriffs und die buddhistische Vipassana-Meditation.

Die beste Methode kann jedoch nur Erfolg haben, wenn ich weiß, dass ich mich durch sie tatsächlich verändern bzw. lieben kann. Um diese Wandlungsmöglichkeiten durch die Achtsamkeitsmeditation faktisch zu überprüfen, habe ich wissenschaftliche Daten zur Funktionsweise des Körper-Geist-Immunsystems sowie der Achtsamkeitsforschung zusammengestellt. Vor dem Hintergrund der Ergebnisse erfahren Sie schließlich in einem selbst erstellten Übungsprogramm, wie Sie, ohne Buddhist oder Yogi werden zu müssen, körperliche Achtsamkeit so anwenden, dass Sie Ihre *inneren Feinde* lieben lernen und Ihre selbst konstruierten Feindbilder abbauen.

Zum Schluss lade ich Sie dazu ein, Ihre neu gewonnene Selbstliebe mit dem Prinzip des Säens und Erntens sowie weiterer Aspekte noch zu intensivieren. Darüber hinaus finden Sie nach jedem Kapitel eine Zeichnung, die das Gesagte bildlich zusammenfasst und dazu einlädt, beim Betrachten die Inhalte nachwirken zu lassen.

1. Feind(-projektion) und *innere Feinde*

Wer über andere häufig abfällig denkt und redet,
fühlt sich insgeheim selbst als Abfall.

Feind und Feindbild

Das deutsche Wort „Feind" leitet sich u.a. vom althochdeutschen Substantiv *fiant* und dem dazugehörigen Verb *fien* ab. Es bedeutet *hassen* oder *verabscheuen*.[3] *Fiant* kann daraus abgeleitet als *der Hassende* verstanden werden. Wir betrachten jemanden als Feind bzw. Gegner, weil wir befürchten, er könnte uns (wieder) schädigen. Wir lehnen ihn ab, meiden seine Nähe und verurteilen ihn für das, was er tut oder getan hat. Wichtig ist zu unterscheiden, ob es sich bei diesem Feind um eine real existierende Person handelt, die uns etwas Schlimmes angetan hat, oder ob wir uns das Feindbild eines Menschen konstruiert haben. Diesen Menschen bezeichnen wir dann ebenfalls als Feind. Wie die Entstehung von Feindbildern vor sich geht, kann aus psychologischer Sicht mit sogenannten psychischen Abwehrmechanismen erklärt werden.

Psychische Abwehrmechanismen

Laut der US-amerikanischen Psychologen Phebe Cramer und John Porcerelli dienen diese Verteidigungsstrategien dazu, sich vor allem im Kindes- und Jugendalter vor inneren und äußeren Gefahren zu schützen. Bei der inneren Gefahr können sich Kinder nicht vor den Auswirkungen dessen, was sie innerlich antreibt, schützen und das wühlt sie auf. Wenn das stark ausgeprägt ist, entsteht eine instinktiv gesteuerte Angst. Das heißt, die unkontrollierbaren inneren Impulse sind angsteinflößend und stellen eine Bedrohung dar, gegen die sich der junge Mensch mit einer psychischen Abwehrreaktion verteidigt. Mögliche äußere Gefahren, wie z. B. der Verlust der Fürsorge der Eltern oder anderer wichtiger Menschen, wirken auf Kinder ebenfalls bedrohlich. Das lässt wiederum eine objektive bzw. von außen kommende Angst entstehen, wodurch junge Menschen psychische Verteidigungsstrategien entwickeln, um diese abzuwehren. Wenn später das eigene Gewissen heranreift, kann ein Mangel an Selbstbestätigung zudem als beängstigend empfunden werden. Verschiedene Abwehrstrategien sollen dann vor einem Verlust des Selbstwertgefühls schützen.[4] Wie der US-amerikanische Psychiater George Vaillant zudem weiß, haben Verteidigungsmechanismen noch weitere Aufgaben. Sie können u. a. die emotionale, kognitive und körperliche Reaktion auf Stress vermindern. Würden sie diese Funktion nicht erfüllen, könnte die ungebremste Stärke der Stressreaktion u. a. Angst und Depression hervorrufen.[5] Insofern ist das psychische Abwehrverhalten insgesamt nicht automatisch etwas Schlechtes, sondern unterstützt die Anpassung der Psyche an eine gegebene Situation, indem es angstreduzierend wirkt.[6]

Verteidigungsstrategien haben für die Psyche also erst einmal eine Schutzfunktion. Trotzdem können diese Verhaltensweisen krankhaft bzw. psychopathologisch werden. Das ist nach Cramer und Porcerelli dann der Fall, wenn die Verteidigungsmechanismen u. a. deutlich die Wahrnehmung verzerren, im Kontakt mit vielen unterschiedlichen Menschen vorkommen und sehr wenig Flexibilität in der Interaktion mit anderen zulassen.[7]

Neben den in diesem Abschnitt beschriebenen Motiven für Abwehrreaktionen gibt es aus meiner Sicht noch ergänzende bzw. spezifische Gründe. Ich stelle sie Ihnen in den jeweiligen Abschnitten zu den *inneren Feinden* vor.

Projektion/projizierendes Verhalten

Die Fachwelt spricht mittlerweile von vierundvierzig Verteidigungsstrategien.[8] Eine von ihnen ist die Projektion. Sie bildet die Basis meines Feind-Konzeptes. Bei diesem Abwehrmechanismus sind wir nicht mehr in der Lage, z. B. unsere Gefühle und Gedanken zu akzeptieren, und projizieren sie stattdessen auf einen anderen Menschen. Wir sagen beispielsweise bei Hassgefühlen „Marc hasst mich" anstelle von „Ich hasse Marc".[9] Das heißt, unser Gegenüber wird zur Verkörperung unserer Gefühle und Gedanken, die wir in uns nicht mehr zulassen können. Wir sehen sie bei diesem anderen Menschen – vergrößert wie durch einen Projektor – und bringen sie nicht (mehr) bewusst mit uns in Verbindung. Aber nicht nur Gefühle und Gedanken lassen sich projizieren, auch die individuelle Stimmungslage, Impulse, persönliche Einschätzungen sowie unsere inneren Vorstellungen von anderen Menschen (Objektrepräsentanzen), wie z. B. deren Verhaltensweisen oder Eigenschaften, können auf jemand anderen übertragen werden, sofern es einen Rückbezug zu uns selbst gibt.[10]

Der Begriff „Projektion" ist in der Psychologie/Psychiatrie ein fester Begriff und wird im diagnostisch-therapeutischen Kontext verwendet. Da es jedoch nicht meiner Kompetenz entspricht, in diesem Bereich Diagnosen zu stellen, und um klarzumachen, dass ich alles, was mit dem Thema „Projektion" zu tun hat, aus meiner Sicht darstelle, verwende ich deshalb im weiteren Verlauf die Formulierung „projizierendes Verhalten" statt „Projektion".

Projizierendes Verhalten und Selbst- und Feindesliebe

Was hat nun projizierendes Verhalten mit Selbst- und Feindesliebe zu tun? Schaffen wir es nicht, alle Aspekte unserer Persönlichkeit zu akzeptieren, weil sie nun einmal zu uns gehören, dann lehnen wir uns teilweise selbst ab. Wir bringen uns also zu wenig Wertschätzung bzw. Liebe entgegen. All diese Aspekte der Selbstablehnung bezeichne ich als *innere Feinde*. Diese inneren Feinde hindern uns nicht nur daran, uns selbst zu lieben, sondern sie sind gleichzeitig die Türöffner für projizierendes Verhalten und ermöglichen dadurch die Entstehung von Feindbildern. Indem wir nämlich diese inneren Widersacher aus uns hinausverlagern und auf bestimmte Menschen projizieren, werden diese Menschen zu unserem Feind(-bild). Das ist logisch, weil ja dann das, was wir an uns selbst ablehnen, verurteilen, hassen etc., diese Personen für uns verkörpern.

Zwar schützt ein solches Verhalten kurzfristig die Psyche und hat in dieser Hinsicht eine „liebende" Funktion, aber wenn wir die zuerst abgelehnten und später auf andere Menschen projizierten Merkmale nicht wieder integrieren lernen, entfremden wir uns auf längere Sicht von uns selbst. Projizierendes Verhalten ist also langfristig betrachtet das Gegenteil von Selbst- und Feindesliebe. Durch umfassende Selbstannahme hingegen können wir zwei Fliegen mit einer Klappe schlagen: Wir lieben uns selbst und auch unsere (projizierten *inneren*) *Feinde*. Und dafür ist das projizierende Verhalten wiederum nützlich bzw. der erste notwendige Schritt. Denn wenn wir lernen wahrzunehmen, dass wir projiziert haben, eröffnet sich die Möglichkeit, unsere unbewussten Aspekte der Selbstablehnung wiederzuerkennen, da sich diese im projizierenden Verhalten spiegeln bzw. sichtbar werden.

Projizierendes Verhalten erkennen lernen

Wie George Vaillant bemerkt, sind Abwehrmechanismen insgesamt schwer zu identifizieren, auch wenn es Verfahren wie z. B. die Q-sort-Methode gibt, mit denen man versucht, die krank machende Dimension von Verteidigungsstrategien individuell einzuschätzen.[11] Das wäre der klinische Weg. Mir hingegen geht es lediglich darum, Sie auf Selbsthilfe-Basis dabei zu unterstützen, eigene Persönlichkeitsanteile wiederzuentdecken, die Sie nicht akzeptieren und deshalb möglicherweise auf andere Menschen projizieren. Dafür gibt es alltagstaugliche Möglichkeiten zur Eigenanalyse. Wie sehen diese aus?

Der Schweizer Psychiater und Begründer der analytischen Psychologie C. G. Jung nennt einen klaren Indikator dafür, wann projizierendes Verhalten vorliegt, auch wenn es gleichzeitig nicht krankhaft sein muss. Er sagt, wenn ein Identitätszustand auffällig bzw. störend „[…] und dadurch Gegenstand der Kritik geworden ist, sei es der eigenen Kritik des Subjektes, sei es der Kritik eines andern", spricht man von einer Projektion.[12] Folglich ist nicht jedes einmalig abgelehnte Gefühl, jeder zufällig lästige Gedanke oder ein anderer einmal nicht zugelassener Aspekt der Persönlichkeit automatisch ein Indiz für projizierendes Verhalten. Es ist also erst dann der Fall, wenn *deutliche Kritik* an diesen Identitätszuständen – entweder durch uns oder andere Menschen – auftaucht, d.h. aus meiner Sicht Missbilligung in *regelmäßigen Abständen* und in Bezug auf *mehr als einen Menschen*.

Selbstredend kommen hierbei negative Gefühle und Gedanken auf, die beim Erkennen von projizierendem Verhalten elementar sind. Das heißt, Gefühle können nicht nur projiziert werden, sie sind außerdem der emotional-gedankliche Ausdruck eines jeden projizierten *inneren Feindes* und dienen deshalb als zusätzlicher Indikator zum Erkennen projizierenden Verhaltens. Wenn wir es andererseits schaffen, diese negativen Gefühle und Gedanken wieder in uns zuzulassen, können wir sowohl unsere *inneren Feinde* lieben lernen als auch unsere darauf basierenden Feindbilder integrieren. Das heißt, das Feindbild wird umso kleiner, je mehr wir die Aspekte, die wir aus dem anfänglich verständlichen Selbstschutzbedürfnis heraus auf andere projiziert haben, wieder lieben lernen. Wie dieser „Liebes-Weg" genau aussieht, lernen Sie in den Kapiteln 3 und 5 kennen.

Nicht hinter jeder Kritik steckt eine Projektion

Wenn wir unsere Mitmenschen z. B. wegen ihres aggressiven Verhaltens oder anderer Gefühle kritisieren, muss das nicht automatisch ein Hinweis auf ein eigenes projizierendes Verhalten sein. Wie die renommierte Tiefenpsychologin Verena Kast in diesem Zusammenhang klarstellt, gibt es im wahren Leben durchaus destruktive Gruppierungen, die durch ihr aggressives Auftreten bewusst versuchen, Ängste bei anderen Menschen zu schüren.[13] Wenn man also einen solchen Umstand kritisiert, hat das sicher nichts mit einer eigenen Aggressions-Projektion zu tun.

Ein einfaches Beispiel macht diesen Sachverhalt verständlicher. Stellvertretend für aggressive bzw. angstmachende Kräfte in einer Gesellschaft können z.B. solche Politiker stehen, die aus wahltaktischen

Gründen eine mögliche Terrorgefahr mit einer aggressiven Rhetorik absichtlich überzeichnen, dadurch bei der Bevölkerung kalkuliert Ängste vor Terror schüren und dann mit Forderungen nach stärkerer Überwachung schließlich Wählerstimmen gewinnen. Wenn wir in diesem Fall deren aggressives Verhalten kritisch hinterfragen, wäre das sicher kein Anzeichen für eine von uns projizierte Aggression. Insofern ist eine gewisse Vorsicht bei der Selbstbeobachtung und Beurteilung von projizierendem Verhalten angebracht und bedarf der Übung. Welche *inneren Feinde* werden möglicherweise projiziert?

Innere Feinde und projizierendes Verhalten

Die inneren Feinde „Angst" und „Wut" im Zusammenspiel begreifen

Das Wort „Angst" leitet sich u.a. von der indoeuropäischen Wurzel *angh* ab, was z.B. *eng* oder *einengen* bedeutet.[14] Offensichtlich kannten die „Erfinder" dieses Wortes dessen körperliche Dimension sehr gut, nämlich die tatsächliche Enge, die man in diesem Zustand spürt. Ängste können sich auf vielfältige Art und Weise zeigen. Es gibt Angststörungen – wie z.B. Panikattacken, Zwänge und Phobien – oder Ängste, die von Traumata herrühren. Des Weiteren können Beziehungsängste, wie z.B. Trennungsangst, das Leben erschweren. Man könnte dieses Gefühl als eine sich zusammenziehende Kraft bezeichnen, die die Wurzeln unseres Lebensbaumes verengt und folglich unser Wohlergehen beeinträchtigt.

Nach Verena Kast entsteht Angst, wenn wir für die Zukunft vorwegnehmen, dass uns ein Verlust droht. Sie meint, wir würden in angstbesetzten Momenten das „sichere Gefühl unserer Identität" verlieren.[15] Das stimmt. Sind wir z.B. nicht in der Lage, ausreichend zu atmen, wird uns sofort eng in der Brust. Wir fühlen uns wie eingeschnürt und haben Angst zu sterben. Das stellt wohl die extremste Form des Identitätsverlustes dar. Der US-amerikanische Psychotherapeut Alexander Lowen bestätigt, dass jede Situation, die die Aufrechterhaltung unseres Organismus beeinträchtigt, Angst auslöst.[16] Daraus leiten sich zwei Dinge ab.

Frei atmen zu können ist zum einen die elementare Voraussetzung, um keine Angst zu spüren, und Angst ist zum anderen ein lebensrettendes Schutzsignal, wenn wir zu wenig Luft bekommen. In diesem Fall will sie uns mitteilen, dass wir etwas unternehmen müssen, um nicht zu sterben. Insofern ist Angst grundsätzlich eine sinnvolle Einrichtung der Natur. Andererseits können uns Ängste das Leben unnötig schwer machen. Haben wir vor vielen Dingen, Situationen, Menschen etc. ständig Angst, obwohl keine reale Gefahr für unser Leben besteht, fällt es uns schwer, das Leben frei zu gestalten. Eher versuchen wir uns vor ihm zu verstecken. Dann hat das Gefühl der Angst jedoch seine natürliche Funktion verloren und blockiert uns. Entweder wir stellen uns diesen Ängsten oder sie wandeln sich je nach Stärke und Ablehnungsgrad zum *inneren Feind*, sodass wir sie nicht mehr als zu uns gehörend wahrnehmen können.

Je weniger wir unsere Ängste akzeptieren, desto größer ist die Wahrscheinlichkeit, dass wir sie auf unsere Mitmenschen projizieren. Die Ängste anderer stören uns dann massiv und wir sind nicht in der Lage zu erkennen, dass wir selbst unter Ängsten leiden. In diesem Fall geben wir uns lieber als die Starken und Mutigen aus und tun so, als ob wir vor nichts Angst hätten. Kein Berg ist uns zu hoch und kein Hobby zu gefährlich, um uns als wahrhaftige Helden darzustellen. In Wahrheit tun wir alles, um unsere Ängste zu verbergen. Diese Gefühle dürfen unter keinen Umständen ans Tageslicht kommen und deshalb kaschieren wir sie mithilfe einer (verbalen) „Kampfstrategie". Das heißt, wir überziehen unsere Mitmenschen, wenn sie ängstlich sind, mit Kritik bzw. attackieren sie als „Angsthasen", weil sie sich aus unserer Sicht im Leben nichts trauen. Wir belächeln sie wegen ihrer vermeintlich übertriebenen Angst, ohne zu erkennen, dass unser eigenes Risikoverhalten womöglich eine Gefahr für unser Leben bedeuten könnte. Aus „Ich habe Angst" wird beim Projizierenden der Vorwurf „Du hast (ständig) Angst!". Das kann so weit gehen, dass wir den Respekt vor unseren Mitmenschen verlieren und ihnen gegenüber sogar (körperlich/seelisch) gewalttätig werden. Warum das so ist, hat mit der emotionalen Kopplung von Angst und Wut zu tun, die die Basis für Gewalt bildet.

Verena Kast versteht Wut als eine Emotion, mit der u.a. Angst (nach innen) abgewehrt wird.[17] Sie ist also eine Energie, mit der wir unbewusst gegen unsere Angst kämpfen, weil sie unserer Wahrnehmung nach zumindest teilweise unsere Identität infrage stellen könnte. Nach außen bzw. im Kontakt mit anderen Menschen sieht man natürlich nur unsere Wut. Kast meint außerdem, dass ein auf Wut basierendes aggressives Verhalten immer mehr in Gewalt umschlagen kann, um in der Tiefe zu versuchen, wieder eine sichere Existenz zu erlangen, d.h., keine Angst mehr zu haben.[18] Insofern deutet starke und häufig auftretende Aggression auf ein entsprechend hohes Angstniveau hin bzw. sind es eigentlich unsere Ängste, die wiederum (starke) Wut/Aggression hervorbringen. Mit der gesteigerten Wut-Energie bzw. Aggression sollen dann die heftigen Ängste gedeckelt werden. Ein hoher Grad an Wut bzw. Aggression ist – aus dieser Perspektive betrachtet – somit ein Indikator dafür, dass Ängste zu einem *inneren Feind* geworden sind, denn würden wir diese nicht stark ablehnen, bräuchten wir auch die Wut bzw. Aggression nicht, um mit ihr unsere nicht akzeptierten Ängste in der unbewussten Tiefe abzuwehren.

Mahatma Gandhi hat ein Bild entworfen, wie diese heftige Wut/Aggression aktiv genutzt werden kann, statt in Gewalt umzuschlagen. Er sagt:

„Wut ist für einen Menschen wie Benzin für ein Auto – sie treibt einen an, damit man weiterkommt, an einen besseren Ort. Ohne sie hätte man keinerlei Motivation, sich einem Problem zu stellen. Wut ist die Energie, die uns zwingt zu definieren, was gerecht ist und was ungerecht."[19]

Wut ist also der Treibstoff, um tiefer liegende Probleme entdecken und bearbeiten zu können. Und wenn wir uns jetzt an die Worte von Verena Kast erinnern, dann ist *die* zentrale Schwierigkeit hinter der Wut unsere Angst. Spüren wir demnach häufiger starke Aggression, sollten wir die Augen für unsere tiefer liegenden (starken) Ängste öffnen, statt unsere Wut blind auszuagieren. Würden wir die Wut-Energie in dem Bewusstsein zulassen, dass sie uns den Weg zu unseren Ängsten eröffnet, könnten wir diese näher untersuchen und verstehen. Unsere Ängste würden nicht mehr abgewehrt und könnten sich zeigen. Wir müssten sie annehmen, statt sie weiterhin abzulehnen. Auf diesem Weg könnten wir sowohl unsere übersteigerte Wut als auch unseren projizierten *inneren Feind* „Angst" wieder lieben und dadurch integrieren.

Andererseits kann es passieren, dass wir im Rahmen eines projizierenden Verhaltens kaum oder gar keine „Wut/Aggression" empfinden. Uns fehlt dann die Wut-Energie, um uns von anderen Menschen abzugrenzen.[20] Im Hinblick auf einen *inneren Feind* bedeutet das, dass wir unsere eigene Wut nicht akzeptieren können. Lieber projizieren wir sie, indem wir andere für ihr vermeintlich aggressives Verhalten kritisieren oder gar verurteilen. In unserer Selbstwahrnehmung sind wir die Opfer, die unter einem aggressiven Tyrannen oder Egoisten zu leiden haben, der herrschsüchtig ist und uns unterdrücken bzw. kleinmachen will. Aus „Ich bin (eigentlich) wütend" wird ein auf unser Gegenüber projiziertes „Du bist ständig wütend/aggressiv!".

Wenn uns an anderen Menschen „Wut/Aggression" grundsätzlich stört und wir sie deswegen ablehnen oder gar verurteilen, sollten wir hinsichtlich des *inneren Feindes* „Wut/Aggression" wachsam sein und lernen, ihn in uns selbst wieder zuzulassen. Auf diesem Weg werden wir lernen, unsere Ich-Grenzen sinnvoll zu vertreten, wenn wir z.B. Zeit für uns brauchen, uns aber nicht trauen, das klar zu kommunizieren. Dann hätten wir es geschafft, unsere Selbstablehnung zumindest in diesem Aspekt zu lieben und dadurch unsere projizierte „Wut/Aggression" zu integrieren. Sind wir andererseits für gewöhnlich in der Lage, ohne größere Wutanfälle spontan und ohne Gewissensbisse klar Nein zu sagen und ebenso verängstigte Menschen in ihrer Angst anzunehmen, kann nicht von einem projizierenden Verhalten bei Wut und Angst ausgegangen werden.

Wut erfüllt also zwei grundlegende Funktionen: Sie dient der Angstabwehr und hat in dieser Form eine Schutzfunktion für die Psyche. Gleichzeitig wollen bei starker Wut die sich dahinter verbergenden massiven Ängste gesehen und zugelassen werden, um den *inneren Feind* „Angst" zu befrieden bzw. zu lieben. Außerdem dient Wut der natürlichen Abgrenzung von anderen Menschen. Ist sie als Energie zu wenig oder gar nicht (mehr) vorhanden bzw. abgespalten, ist es wichtig, diese wieder (innerlich) zuzulassen, um die notwendigen Ich-Grenzen wahren zu können.

Testen Sie nun, inwieweit Sie möglicherweise die beiden Gefühle Wut und Angst auf andere Menschen projizieren.

Selbsteinschätzung zur Erhebung des projizierenden Verhaltens

Angst

Bitte beantworten Sie spontan folgende Fragen:

1. Wie häufig haben Sie in den vergangenen 12 Monaten andere Menschen (auch nur in Gedanken) als Angsthasen oder Ähnliches bezeichnet oder sich über deren Ängste lustig gemacht/ aufgeregt?

....

....

....

....

2. Wie stark war währenddessen Ihre subjektiv empfundene Wut/ Aggression? (Bitte ankreuzen)

1 2 3 4 5

(1 = schwach; 5 = extrem stark)

3. Wie häufig konnten Sie in den vergangenen 12 Monaten Mitgefühl für verängstigte Menschen empfinden und mit Verständnis auf sie eingehen?

....

....

....

Sollte die Häufigkeit bei Frage 1 deutlich höher sein als bei Frage 3, ist das ein Anzeichen dafür, dass Sie Angst projizieren. Je stärker dabei Ihr Aggressionsempfinden ausgeprägt ist, siehe Frage 2, desto wahrscheinlicher unterdrücken Sie Ihre Angst und projizieren sie womöglich auf andere.

Wut/Aggression

Bitte beantworten Sie spontan folgende Fragen:

1. Wie häufig empfanden Sie in den letzten 12 Monaten andere Menschen (auch nur in Gedanken) als aggressiv, herrschsüchtig bzw. tyrannisch?

   ....

   ....

2. Wie sind Sie innerlich damit umgegangen? Waren Sie resigniert oder eher wütend, ohne es anderen zu zeigen? Wie oft war das der Fall?

   resigniert (Häufigkeit): ....

   wütend (ohne äußere Anzeichen) (Häufigkeit): ....

3. Wie oft wollten Sie in den vergangenen 12 Monaten etwas machen, was Sie aber auf (wütenden) Druck/Überredung von anderen hin doch nicht gemacht haben?

   ....

   ....

4. Wie häufig konnten Sie in den letzten 12 Monaten das durchsetzen und tun, was Sie wollten, auch wenn das Ihrem persönlichen Umfeld missfiel?

   ....

   ....

Sollte die Häufigkeit bei den Fragen 1) und 3) deutlich höher sein als bei Frage 4), ist das ein Anzeichen dafür, dass Sie Wut/Aggression projizieren. Sind Sie zusätzlich häufiger resigniert als wütend, ist ein projizierendes Verhalten noch naheliegender (Frage 2).

Hass

Hass ist nicht etwa wie Wut eine starke Form des Ärgers.[21] Der Ärger taucht häufig unverhofft auf und geht aber auch meistens schnell wieder vorbei. Wenn wir hingegen jemanden hassen, so meint der Emotionsforscher Paul Ekman, hegen wir den eindeutigen und dauerhaften Wunsch, ihm zu schaden, oder hoffen, dass er zu Schaden kommt.[22] Hass ist jedoch auch ein schleichend wirkendes Gift, das einen selbst (innerlich) umbringt. Ohne Gegenmittel zerfrisst es wie ein hungriger Wurm unsere schöpferische Lebenskraft. Wenn wir Hass projizieren, glauben wir, von anderen Menschen gehasst zu werden, und erkennen nicht, dass wir uns selbst oder auch unser Gegenüber hassen. Aus „Ich hasse (mich/dich)" ist „Du hasst mich!" geworden. Es ist naheliegend, dass bei diesem Thema viele Missverständnisse aufkommen. Der vermeintlich Hassende weist z. B. den Projizierenden darauf hin, dass er gar nichts gegen ihn habe. Das versteht dieser aber nicht bzw. fasst dessen Aussage falsch auf, indem er die Klarstellung als böswillige Zurechtweisung wahrnimmt. Deshalb wird er wohl sein Gegenüber weiterhin für dessen vermeintlich schädigende Absichten verurteilen, um die Bestätigung seines konstruierten Hassbildes aufrechtzuerhalten.

Die spannende Frage ist, was sich eigentlich hinter unseren nicht akzeptierten Hassgefühlen verbirgt. Es geht hierbei um sehr tiefe emotionale Verletzungen, die so sehr mit Scham, Angst, Schuld und dem Verlust des Selbstwertgefühls behaftet sind, dass sie nicht mehr angeschaut werden können. Jeder Blick auf die Wunde bedeutet eine extreme Gefahr für den eigenen Selbstwert. Die Auswirkungen sind fatal. Wir haben ständig das Gefühl, dass uns jemand mit seiner Kritik gezielt verletzen will. Damit ist natürlich nicht gesagt, dass Hass, wenn wir ihn bei anderen wahrnehmen, immer automatisch auf unserem projizierenden Verhalten beruhen muss. Wir können sicherlich ganz real gehasst werden. Wenn wir jedoch wütend deswegen werden, ist das ein erstes Zeichen dafür, dass wir selbst mit dem Thema „Hass" nicht im Reinen sind und dieses Gefühl auf unsere Mitmenschen projizieren.

Wenn wir sehr oft das Gefühl haben, gehasst zu werden, ist es wichtig, unsere zum Hass passende Wut wieder in uns zuzulassen. Um jedoch an diesen Punkt zu kommen, muss wahrscheinlich der eigene lieblose Zustand unerträglich geworden sein. Werden wir andererseits mit dem Hass eines anderen konfrontiert und können uns ohne oder mit nur wenig Wut davon distanzieren, ist nicht von einem projizierenden Verhalten auszugehen.

Testen Sie nun auch hier, inwieweit das Thema „Hass" als Ausdruck eines projizierenden Verhaltens bei Ihnen infrage kommt.

Selbsteinschätzung zur Erhebung des projizierenden Verhaltens

Hass

Bitte beantworten Sie spontan folgende Fragen:

1. Wie häufig hatten Sie in den vergangenen 12 Monaten das Gefühl, von anderen Menschen gehasst zu werden?

   ....

   ....

2. Wie stark war währenddessen Ihre subjektiv empfundene Wut/ Aggression darüber? (Bitte ankreuzen)

   1 2 3 4 5
   (1 = schwach; 5 = extrem stark)

3. Wie häufig konnten Sie sich in den vergangenen 12 Monaten innerlich vom vermeintlichen Hass anderer ohne oder mit nur wenig Wut distanzieren?

   ....

   ....

Sollte die Häufigkeit bei Frage 1) deutlich höher sein als bei Frage 3), ist das ein Anzeichen dafür, dass Sie Hass projizieren. Je stärker Ihr Aggressionsempfinden ausgeprägt ist, siehe Frage 2), desto wahrscheinlicher sind Sie mit dem Thema „Hass" nicht im Reinen und desto naheliegender ist ein projizierendes Verhalten.

Traurigkeit

Angenommen Sie befinden sich auf einer Trauerfeier. Ein geliebter Mensch ist gegangen, und je nachdem, ob Sie an ein Leben nach dem Tod glauben oder nicht, haben Sie diesen Menschen entweder endgültig verloren oder es bleibt Ihnen die Hoffnung auf ein Wiedersehen im Jenseits. Während der Trauerfeier werden Lieder gesungen und plötzlich kommen Ihnen die Tränen, weil Ihnen der Tod dieses Menschen erst jetzt richtig bewusst wird. Tränen sind der sichtbare Ausdruck für den Prozess einer emotionalen Veränderung. Mit dem Weinen wandelt sich die gefühlte Schwere des schmerzenden Verlustes in ein bewusstes Annehmen und dadurch fühlen Sie sich leichter. Doch Traurigkeit und Tränen gibt es nicht nur dann, wenn jemand gestorben ist. Wenn wir weinen, heißt das häufig, dass wir etwas verloren haben, was uns schmerzt, auch wenn es außerdem z.B. Freudentränen gibt, die aber eine andere Bedeutung haben.

Der Tod eines geliebten Menschen ist nur der offensichtlichste Anlass, um zu weinen. In diesem Fall sind Tränen gesellschaftlich akzeptiert. Im Alltag hingegen zeigen Menschen ihre Trauer eher selten. Das liegt wohl daran, dass jemand, der weint, schnell den Stempel aufgedrückt bekommt, weinerlich zu sein. Insbesondere bei Männern gilt das Weinen bis heute als ein Zeichen der Schwäche und wird deshalb gerne unterdrückt. Lassen wir jedoch unsere Trauer nicht zu, kann das auf die Dauer schwerwiegende Folgen haben. Dann machen sich diese unterdrückten Verlustgefühle wie ein Gespenst im Unterbewusstsein breit und verselbstständigen sich. An der Oberfläche unseres Bewusstseins manifestiert sich das als eine Art wirre und depressive Grundstimmung, ohne damit direkt von einer Depression sprechen zu wollen. In diesem Fall hat sich unser natürliches Bedürfnis zu trauern zu einem *inneren Feind* gewandelt, den wir möglicherweise auf andere Menschen übertragen.

Ob wir Traurigkeit projizieren, können wir daran erkennen, dass wir andere Menschen, die traurig sind, z.B. als „Heulsusen" bezeichnen (auch nur in Gedanken). Oder aber wir selbst werden dafür kritisiert, wie aus Stein zu sein, wenn es eigentlich Grund zur Trauer gäbe. Aus dem natürlichen „Ich bin traurig" ist dann das auf andere Menschen projizierte „Du bist (ewig) traurig/weinerlich!" geworden.

Schieben wir das natürliche Gefühl, traurig zu sein, von uns weg, fehlt uns ein wesentlicher Teil im Leben, nämlich Verluste zu verarbeiten und loszulassen. Das ist sehr wesentlich, weil der Charakter des Lebens stets dynamisch- fortschreitend ist und nichts dauerhaft so bleibt, wie es in diesem Moment ist. Deshalb sind Verluste dessen, was wir als etwas vermeintlich Beständiges lieb gewonnen haben, vorprogrammiert. Es macht folglich Sinn zu lernen, die Trauer über Verlorenes in uns zuzulassen. Auf diese Weise können wir unsere eigenen unverarbeiteten und projizierten Verlusterlebnisse wieder selbst lieben lernen und integrieren sie dadurch.

Testen Sie nun, inwieweit Sie das Thema „Trauer" auf andere Menschen projizieren.

Selbsteinschätzung zur Erhebung des projizierenden Verhaltens

Trauer

Bitte beantworten Sie spontan folgende Fragen:

1. Wie häufig haben Sie in den vergangenen 12 Monaten andere Menschen (auch nur in Gedanken) als „Heulsusen" oder Ähnliches bezeichnet?

....

....

....

....

2. Wie stark war währenddessen Ihre subjektiv empfundene Kritik? (Bitte ankreuzen)

1　2　3　4　5

(1 = schwach; 5 = extrem stark)

3. Wie häufig konnten Sie in den vergangenen 12 Monaten für Trauernde/traurige Menschen Mitgefühl empfinden und tröstend auf diese eingehen?

....

....

....

Sollte die Häufigkeit bei Frage 1) deutlich höher sein als bei Frage 3), ist das ein Anzeichen dafür, dass Sie Traurigkeit projizieren. Je stärker außerdem Ihre Kritik in Frage 2) ausgeprägt ist, desto wahrscheinlicher unterdrücken Sie Ihre eigene Traurigkeit und projizieren sie womöglich auf andere.

Eigenschaften

Stellen Sie sich vor, Sie baden im Meer. Das Ufer ist noch relativ nah. Wenn Sie stehen, bewegen Sie sich im Rhythmus der Wellen. Eine nach der anderen bricht vor Ihnen. Die Wassermassen machen, was sie wollen, und Sie schwingen mit ihnen mit. Als Sie wieder aus dem Wasser herauskommen, fühlen Sie sich erfrischt.

Wasser kann kalt, warm und sanft sein, dahinfließend oder einen ruhenden Zustand haben. In Verbindung mit Wind kann es aber auch sehr kraftvoll sein. Gasförmig ist es nicht sichtbar, im flüssigen Zustand passt es sich jeder Gegebenheit optimal an und ist nicht greifbar. Wenn es hart ist und z. B. die Form einer Eisscholle angenommen hat, ist es teilweise kaum zu bewegen und sperrig. Befindet sich Wasser in einem Gefäß, kann man es für eine Zeit kontrollieren, bevor das Wasser wieder entgleitet, sobald wir es ausgießen. Wasser spendet Leben und ist in allem, was lebt.

Ich möchte Sie dazu einladen, sich selbst und alle Menschen als ein riesiges Meer an möglichen Eigenschaften zu begreifen. Warum? Verstehen wir uns als einen Ozean, können wir unsere eigene Vielschichtigkeit und die anderer Menschen besser begreifen, ohne uns selbst und andere sofort in bestimmte Schubladen zu stecken, die unserem gewohnten Wahrnehmungsschema entsprechen. Ähnlich wie das Wasser sind wir im Grunde nie dauerhaft nur das eine oder das andere, auch wenn wir uns im täglichen Leben mit bestimmten Eigenschaften besonders identifizieren. Wir lassen nur bestimmte „Aggregatzustände" als Teil unserer Identität zu. Beispielsweise sehen wir uns gern als großzügig, grenzenlos, intelligent, rücksichtsvoll, liebevoll usw. Gleichzeitig lehnen wir entsprechend geizige, uns Grenzen setzende, dumme, rücksichtslose und lieblose Menschen ab. Wir üben Kritik und werden möglicherweise sogar wütend, wenn wir diese Eigenschaften bei anderen Menschen wahrnehmen. Sie sind ja auf den ersten Blick das genaue Gegenteil von uns!

Was hat das mit dem *inneren Feind* zu tun? Angenommen wir beschimpfen andere Menschen des Öfteren wegen einer ihrer Eigenschaften, wie z. B. Geiz. Wir nennen sie Geizhälse und brüsten uns damit, wie großzügig wir sind. Hier könnte es sein, dass wir in der unbewussten

Tiefe die Möglichkeit, selbst geizig zu sein, nicht akzeptieren können und dieses Merkmal deshalb auf andere projizieren. Aus „Ich bin (nun mal vielleicht auch) geizig" ist das auf andere projizierte und abwertende „Du bist (total/ständig) geizig!" geworden. Solange wir einer bestimmten Eigenschaft anderer Menschen ablehnend gegenüberstehen, übersehen wir womöglich einen ungewollten, aber dennoch existierenden Teil unserer Persönlichkeit, den es in aller Gänze zu akzeptieren gilt. Außerdem sind wir durch die „Geiz-Projektion" nicht so großzügig, wie wir es vielleicht sein könnten. Was heißt das? Wir können das, was wir wirklich sein wollen – z. B. großzügig –, nur umfassend verwirklichen, wenn wir in der Lage sind, das genaue Gegenteil dessen innerlich voll und ganz zuzulassen. Das heißt nicht, dass wir unseren Geiz im täglichen Leben tatsächlich ausleben müssen, sondern nur, dieses Gefühl innerlich anzunehmen.

Diese projizierende Verhaltensweise hat nichts mit Selbstliebe zu tun, denn ihr wohnt das Gefühl von echter Ganzheit inne, die durch die liebende Akzeptanz beider Aspekte von gegenteiligen Eigenschaftspaaren – wie z. B. geizig-großzügig/arm-reich/dumm-intelligent – entsteht. Auf das obige Beispiel bezogen heißt das, dass wir uns zu stark mit unserer vermeintlichen Großzügigkeit identifizieren, obwohl wir innerlich das Gegenteil – nämlich Geiz – als Möglichkeit zulassen sollten, um im selbstliebenden inneren Gleichgewicht und tatsächlich großzügig sein zu können. Deshalb lohnt es sich, alle Eigenschaften im Kontakt mit unserem Umfeld unter die Lupe zu nehmen und auf ein mögliches projizierendes Verhalten hin zu überprüfen. Anstatt also jemanden ob einer bestimmten Eigenschaft anzuprangern, müssten wir die in diesem Zusammenhang aufkommenden negativen Gefühle und Gedanken in uns zulassen lernen. Auf diesem Weg lieben wir uns wieder mehr, integrieren dadurch unsere projizierten *inneren Feinde* bzw. nicht akzeptierten Eigenschaften und bringen die jeweiligen Eigenschaftspaare, als zwei Gewichte auf einer Waage verstanden, wieder zum Ausgleich.

Testen Sie nun, inwieweit Sie möglicherweise Eigenschaften auf andere Menschen projizieren.

Selbsteinschätzung zur Erhebung des projizierenden Verhaltens

Eigenschaften

Bitte beantworten Sie spontan folgende Fragen:

1. Wie häufig haben Sie in den vergangenen 12 Monaten andere Menschen (auch nur in Gedanken) wegen einer ihrer Eigenschaften kritisiert?

   ....

   ....

   ....

   ....

2. Wie stark war währenddessen Ihre subjektiv empfundene Kritik? (Bitte ankreuzen)

   1   2   3   4   5
   (1 = schwach; 5 = extrem stark)

3. Wie häufig konnten Sie in den vergangenen 12 Monaten die als negativ empfundenen Eigenschaften anderer Menschen so sein lassen, wie sie sind, bzw. Mitgefühl für sie entwickeln?

   ....

   ....

   ....

   ....

Sollte die Häufigkeit bei Frage 1) deutlich höher sein als bei Frage 3), ist das ein Anzeichen dafür, dass Sie Eigenschafen projizieren. Je stärker außerdem Ihre Kritik in Frage 2) ausgeprägt ist, desto wahrscheinlicher unterdrücken Sie eigene Eigenschaften und projizieren sie womöglich auf andere.

Vertiefung

Um in Kapitel 5 besser an Ihren projizierten Eigenschaften arbeiten zu können, benennen Sie jetzt genau, welche Eigenschaften Sie an anderen Menschen stören. Fragen Sie sich: „Welche Eigenschaft an [Person einfügen] macht mich wütend?" Dann beenden Sie in der unten angelegten Liste jeweils den Satz *Ich lehne an X ab, dass er/sie ... ist*. Auf diese Weise öffnen Sie die Dimension der Wesenszüge, die Sie eigentlich an sich selbst ablehnen und möglicherweise auf andere projizieren. Wichtig ist, dass Sie nur Adjektive verwenden. In die gegenüberliegende Spalte tragen Sie das jeweils positive Gegenteil ein. Das heißt, steht in der linken Spalte z.B. *geizig*, schreiben Sie in die rechte Spalte *großzügig*. Auch die jeweils positiven Eigenschaften aufzuschreiben dient Ihnen in Kapitel 5 dazu, besser mit den projizierten arbeiten zu können. Beantworten Sie die Eingangsfrage – anhand möglichst vieler Personen – über ein paar Wochen hinweg, damit Sie eine große Auswahl an abgelehnten Persönlichkeitsmerkmalen erhalten. Um tatsächlich eine Eigenschaft zu finden, die Sie projizieren, ist es wichtig, die Wesenszüge farblich – z.B. mit einem Textmarker – zu markieren, die in Verbindung mit verschiedenen von Ihnen kritisierten Menschen immer wieder auftreten. Ausschließlich diese legen ein projizierendes Verhalten nahe und nur mit ihnen arbeiten Sie später weiter.

Projizierte Eigenschaften und deren Gegenteil

Ich lehne an X ab, dass er/sie ... ist.	Gegenteil der abgelehnten Eigenschaft

---

Fehler

Sie und ich, wir alle machen irgendwann Fehler! Aber was ist das? Wenn wir die geltenden (Gesetzes-)Regeln, Normen und Werte einer Gesellschaft missachten, machen wir etwas falsch. Ein einfaches Beispiel hierfür ist die Sprache. Sprechen wir z.b. ein Wort in einer Fremdsprache nicht richtig aus oder benutzen wir Wörter, die in einem bestimmten Sachzusammenhang von der Sprechergemeinschaft nicht verwendet werden, machen wir einen Fehler.

Ich begegne solchen Fehlern bei Menschen, die z.B. Deutsch als Fremdsprache lernen, normalerweise positiv, da sie zum Lernprozess gehören, ohne die man eine neue Sprache nicht erlernen kann. Außerdem freue ich mich grundsätzlich darüber, dass jemand anders überhaupt meine Sprache lernt. Insofern sehe ich zumindest für diesen Zusammenhang Fehler positiv.

Natürlich kann ich sprachliche Fehler auch negativ bewerten. Ich könnte mich z.B. daran stören, dass jemand Wörter immer wieder falsch oder undeutlich ausspricht, weil ich sehr empfindsam bin, was den schönen Klang meiner Sprache anbelangt. Meine Sicht auf Fehler wäre in diesem Fall negativ. Folglich bewerten wir Falsches je nach Kontext positiv oder negativ. Vielleicht sind uns die Fehler anderer auch einfach nur egal. In jedem Fall bleibt unsere Bewertung der Realität immer subjektiv.

Genauso ist es möglich, dass wir etwas für richtig halten, was für einen anderen falsch ist. Das muss nicht unbedingt nur an unterschiedlichen Norm- oder Wertvorstellungen liegen und auch nicht an (Gesetzes-, Sprach-)Regeln etc., die von Staat zu Staat oder von (Welt-)Region zu (Welt-)Region unterschiedlich sind, sondern an unserer selektiven Wahrnehmung. Wir können immer nur einen Teil der Realität sehen und nie das objektive Ganze, weil wir nun einmal begrenzte Einzelwesen sind. Wie der Dalai Lama sagt, ist diese Wirklichkeit bzw. dessen Entstehung sehr komplex, sodass es schwer einzuschätzen ist, ob wir an sich „richtig oder falsch" handeln bzw. unser Handeln „gut oder schlecht ist".[23]

Ein einfaches Beispiel macht diese Zusammenhänge deutlich. Verpassen wir einen Flug, weil wir auf dem Weg zum Flughafen einen kleinen Auffahrunfall hatten, lassen Schuldzuweisungen und Fehlervorwürfe nicht lange auf sich warten. Wir halten uns selbst z.B. gleich nach dem Aufprall vor, zu wenig Abstand gehalten zu haben, oder aber wir bezichtigen den vor uns Fahrenden, dass er die Situation vor ihm nicht richtig eingeschätzt hat etc. Mithilfe unseres Werte- bzw. Regelsystems entscheiden wir blitzschnell, wer was falsch (oder richtig) gemacht hat. Später erfahren wir jedoch am Flughafen, dass die Maschine, mit der wir fliegen wollten, notlanden musste und es einige Tote und Schwerverletzte gab. All das passierte, während wir im Auto sitzend und Fehler zählend uns darüber aufregten, unseren Flug nicht bekommen zu haben. Nachdem wir von der Flugkatastrophe erfahren, bewerten wir unseren Unfall natürlich völlig anders, weil wir jetzt einen weiteren Teilausschnitt der Wirklichkeit kennen, der unsere begrenzte Einzelperspektive erweitert. Die Sicht auf die Dinge muss sich jedoch nicht immer so schnell wie in diesem Beispiel ändern. Vielleicht zeigt sich erst nach Jahren, dass sich eine Entscheidung, die wir anfänglich für falsch hielten, im Nachhinein doch als richtig erwies. Egal ob wir in Kategorien von richtig oder falsch denken oder wir – wie anfänglich dargestellt – Falsches positiv oder negativ sehen, sind wir immer auf unsere Bewertung der Realität angewiesen. Wir brauchen Sie, um uns in der Welt zurechtzufinden. Das ist menschlich und normal.

Nichtsdestotrotz können wir das, was wir für falsch halten, auch überbewerten. Als Ausdruck dessen kann es passieren, dass wir andere Menschen für ihre Fehler scharf kritisieren und von ihnen absolute Perfektion erwarten. Woher kommt das?

Wenn wir z.B. in unserer Familie auf Fehlerlosigkeit getrimmt wurden, sind wir als Folge davon nicht mehr in der Lage, unsere eigenen Fehler zu akzeptieren, auch wenn wir von anderen kritisiert werden. Nur leider merken wir es selbst nicht. Vielmehr verlagern wir unsere Unfähigkeit, eigene Fehler zuzulassen, nach außen und verurteilen unsere Mitmenschen für ihre vermeintlichen Verfehlungen. Wir sehen nur deren Unzulänglichkeiten. Aus dem natürlichen „Ich mache (nun mal) Fehler" ist das auf andere Menschen projizierte „Du machst ständig Fehler!" geworden. Die Erlaubnis, Fehler zu machen, hat sich zu einem *inneren Feind* gewandelt.

Deuten alle Fehler, die wir bei anderen sehen, auf ein projizierendes Verhalten hin? Nein! Unterschlägt z.B. ein Geschäftsmann einige Millionen Euro, entbehrt es jeder Grundlage, sein Verhalten als tadellos zu bezeichnen, und unsere Kritik wäre an dieser Stelle absolut berechtigt.

Symptomatisch beim Projizieren wäre hier vielmehr, wenn wir alle Reichen verdächtigen würden, Steuerbetrüger zu sein. Es geht also um den Duktus der übersteigerten, stetigen und/oder generalisierenden Negativ-Kritik, die hellhörig machen sollte, um die Fehlerübertragung auf andere als mögliches projizierendes Verhalten einschätzen zu können. Wenn wir Fehler in unserem Leben nicht zulassen können, verpassen wir es jedoch, uns als Menschen weiterzuentwickeln. Dazu gehört elementar die Notwendigkeit, eigene Fehler zu machen und aus ihnen zu lernen! Wie sonst sollten wir im Leben weiterkommen, wenn nicht indem wir Dinge ausprobieren, immer wieder daran scheitern und dann aus dem lernen, was nicht funktioniert hat? Über Versuch und Irrtum konnten sich schon unsere Vorfahren an die sich verändernden Lebensbedingungen anpassen. Fehler zu machen ist somit die Grundlage, um überhaupt ein für sich stimmiges Leben zu führen. Deshalb lohnt es sich, die Augen dafür zu öffnen, ob wir „chronisch" andere für deren vermeintliche Fehler kritisieren. Ist das so, müssen wir lernen, die dabei in uns aufkommenden negativen Gefühle und Gedanken wieder zuzulassen. Auf diesem Weg können wir unsere eigenen Fehler lieben lernen bzw. die projizierten wieder integrieren. Weisen wir andererseits unsere Mitmenschen auf deren Versäumnisse in dem Bewusstsein hin, dass wir selbst nicht perfekt sind, und/oder unterstützen wir andere dabei, ihre Fehler zu beheben, ist nicht von einem projizierenden Verhalten auszugehen. Genauso verhält es sich, wenn wir bei gravierendem Fehlverhalten im Einzelfall wütend werden.

Überprüfen Sie nun anhand des folgenden Fragebogens, inwieweit Sie Fehler auf andere Menschen übertragen.

Selbsteinschätzung zur Erhebung des projizierenden Verhaltens

Fehler

Bitte beantworten Sie spontan folgende Fragen:

1. Wie häufig waren Sie in den vergangenen 12 Monaten auf andere Menschen wütend, wenn diese Ihrer Meinung nach einen Fehler gemacht hatten?

   ....

   ....

   ....

   ....

2. Wie stark war währenddessen Ihre subjektiv empfundene Kritik? (Bitte ankreuzen)

   1 2 3 4 5
   (1 = schwach; 5 = extrem stark)

3. Wie häufig konnten Sie in den vergangenen 12 Monaten über die Fehler anderer hinwegsehen bzw. sie mitfühlend dabei unterstützen, ihre Fehler zu beheben?

   ....

   ....

   ....

Sollte die Häufigkeit bei Frage 1) deutlich höher sein als bei Frage 3), ist das ein Anzeichen dafür, dass Sie Fehler projizieren. Je stärker zudem Ihre Kritik in Frage 2) ausgeprägt ist, desto wahrscheinlicher unterdrücken Sie Ihre eigenen Fehler und projizieren sie womöglich auf andere.

Schwächen

Unsere deutlich materialistisch geprägte westliche Welt fördert Höchstleistungen und macht diejenigen, die sie erbringen, zum Sieger. Es geht im Sport darum, Rekorde zu brechen, in Unternehmen den Gewinn zu maximieren, in der Schule und an der Universität die besten Noten zu bekommen und in der Medizin die besten Apparate und (Heil-)Verfahren zu entwickeln. Höchstleistung ist längst zu einer bestimmenden Norm in den Industriegesellschaften geworden. Damit einher geht ein Belohnungssystem, um das Erreichen der Leistungsziele zu fördern. Wer das schafft, kann sich die (materiellen) Annehmlichkeiten leisten, mit welchen dem gesellschaftlichen Siegerstatus oft Ausdruck verliehen wird: schnelle und teure Autos, prächtige Häuser, Luxusreisen, ein schwindelerregendes Gehalt oder ein umwerfendes (operiertes) Aussehen bis ins hohe Alter. Schwächen – und erst recht sich diese einzugestehen – passen mit dem Leistungsdruck in unserer (westlichen) Gesellschaft kaum zusammen. Als Folge davon werden sie verschwiegen oder man arbeitet hart an ihnen, ohne diese jedoch wirklich innerlich zuzulassen.

Wie entsteht eigentlich eine Schwäche? Wenn wir anfangen, uns bei Eigenschaften, Tätigkeiten, Verhaltensweisen etc. mit anderen zu vergleichen, haben wir schon den ersten Schritt in Richtung Schwäche getan. Zunächst merken wir, dass wir in manchen Aspekten anders sind als andere. Lassen wir diese natürliche Gegebenheit jedoch nicht zu, fangen wir an, Teile unserer Persönlichkeit zu unterdrücken bzw. nicht mehr zu akzeptieren. Im Zuge dessen reden wir uns ein, nicht so sein zu dürfen, wie wir sind. Oder unsere Familie und Freunde übernehmen diese Funktion. Daraus entwickelt sich wiederum das Gefühl, anderen unterlegen und/oder nicht in Ordnung zu sein. Das macht sich dann als Scham- und mangelndes Selbstwertgefühl bemerkbar. In der Summe haben wir uns auf diese Art und Weise eine Schwäche kreiert. Anstatt unsere Schwächen als Ausdruck unseres unvollkommenen Menschseins zu akzeptieren, kritisieren wir lieber andere, sind überheblich und bezeichnen unsere Mitmenschen als Schwächlinge. Aus dem normalen „Ich habe (nun mal) eine Schwäche" ist das auf andere projizierte „Du bist schwach/ein Schwächling!" geworden.

Möglicherweise werden wir auch selbst wegen unserer Schwächen kritisiert, nur können wir diese an uns selbst nicht wahrnehmen. In beiden Fällen sind unsere Schwächen zum *inneren Feind* geworden, den wir leicht auf andere übertragen. Es ist deshalb wichtig, uns unserer Kritik bezüglich der Schwächen anderer bewusst zu werden. Wir sollten hellhörig werden, wenn wir (auch nur gedanklich) andere regelmäßig als Schwächlinge bezeichnen. Wir müssen lernen, die dabei aufkommende Wut und andere negativen Gefühle und Gedanken wieder in uns zuzulassen. Auf diese Weise lieben wir uns wieder selbst und integrieren dadurch unsere projizierten Schwächen. Sehen wir andererseits, dass unsere Freunde, Familie, Bekannten etc. unter einer Schwäche leiden, und sind wir in der Lage, mitfühlend mit ihnen umzugehen, kann nicht von einem projizierenden Verhalten ausgegangen werden.

Testen Sie sich jetzt selbst, ob und, wenn ja, wie stark Sie Ihre eigenen Schwächen auf Ihre Mitmenschen projizieren.

Selbsteinschätzung zur Erhebung des projizierenden Verhaltens

Schwächen

Bitte beantworten Sie spontan folgende Fragen:

1. Wie häufig haben Sie in den letzten 12 Monaten andere Menschen (auch nur in Gedanken) als Schwächlinge oder Ähnliches bezeichnet?

   ....

   ....

   ....

2. Wie stark war währenddessen Ihre subjektiv empfundene Kritik? (Bitte ankreuzen)

   1   2   3   4   5
   (1 = schwach; 5 = extrem stark)

3. Wie häufig konnten Sie in den vergangenen 12 Monaten mit den Schwächen anderer einfühlsam umgehen bzw. diesen Menschen liebevoll dabei helfen, sich anzunehmen, wie sie sind?

....

....

....

Sollte die Häufigkeit bei Frage 1) deutlich höher sein als bei Frage 3), ist das ein Anzeichen dafür, dass Sie Schwächen projizieren. Je stärker Ihre Kritik zudem in Frage 2) ausgeprägt ist, desto wahrscheinlicher unterdrücken Sie Ihre eigenen Schwächen und projizieren sie womöglich auf andere.

Vertiefung

Um in Kapitel 5 besser an Ihren Schwächen arbeiten zu können, notieren Sie jetzt im Einzelnen Ihre Schwächen und Stärken in der unten stehenden Liste. Sich auch die eigenen Stärken bewusst zu machen ist wichtig, weil sie als Ressourcen dienen, um besser mit Schwächen umgehen zu können. Bei den Schwächen schreiben Sie jedoch nicht direkt diejenigen auf, die Sie ohnehin von sich kennen, sondern die, die Sie an anderen kritisieren. Markieren Sie dann mit einem Stift die Schwächen, die Sie bei anderen Menschen besonders häufig kritisiert haben. Nur diese sind möglicherweise Ihre projizierten und damit Ihre wirklichen Schwächen, die es wieder anzunehmen gilt.

Beenden Sie also in der linken Spalte den Satzanfang *Ich bin ...* mit den Stärken [stark, mutig, fleißig etc.] und in der rechten Spalte den Satzanfang *Er/Sie ist ...* mit den Schwächen [faul, feige, hinterlistig etc.] – und mit allen Aspekten, die Ihnen dazu in den Sinn kommen. Verwenden Sie hierfür nur Adjektive. Sehr wahrscheinlich finden Sie nicht sofort Ihr gesamtes Stärken- und Schwächen-Profil heraus. Nehmen Sie sich deshalb immer wieder Zeit dafür. Beziehen Sie außerdem einen möglichst großen Personenkreis in Ihre Analyse ein.

Stärken und projizierte Schwächen

Ich bin ... (Stärken)   Er/sie ist ... (Schwächen)

....

....

....

....

....

....

Talente

Stellen Sie sich vor, Sie sind ein Jugendlicher, der ziemlich gut Klavier spielen kann. Schon in jungen Jahren beherrschen Sie viele Werke großer Komponisten und begeistern als Hausmusiker bei so manchem privaten Klavierabend. Gleichzeitig tun Sie sich leicht, Sprachen zu lernen. Außerdem können Sie logisch denken und haben in Mathematik die besten Noten. Ihr Sozialleben ist reich und Sie unternehmen viel mit Ihren Freunden. Als Sie Ihr Abitur schließlich erfolgreich abgeschlossen haben, ist zwar für Ihre Eltern ein Traum in Erfüllung gegangen, Sie selbst beschleicht jedoch immer wieder Unzufriedenheit. Sie werden zunehmend missmutig, ziellos und können mit sich und Ihrem sozialen Umfeld immer weniger anfangen. Stattdessen haben Sie zunehmend an allem und jedem irgendetwas auszusetzen. Sie beginnen kein Studium oder eine Lehre. Vielmehr entwickeln Sie mehr „Interesse" daran, den ganzen Tag gar nichts zu tun. Sie sind wie gelähmt, ohne dass es medizinische Anzeichen für eine Erkrankung gäbe.

Stellen Sie sich bitte für einen Moment vor, Ihre persönliche Situation wäre jetzt gerade so. Könnten Sie dann das sichtbare Glück anderer Menschen teilen? Wahrscheinlich beschleicht Sie eher Wut, Groll, Neid oder Eifersucht. Sie kritisieren alles, woran sich Ihre Mitmenschen erfreuen, z. B. ihre Freizeitaktivitäten, ihre Berufe oder allgemein deren Lebensweise. Kommt das gehäuft vor, dann könnte es sein, dass Ihre eigenen nicht gelebten Talente zu *inneren Feinden* geworden sind. Das heißt, Sie lehnen das ab, was Ihnen aus der Tiefe Ihres Seins heraus positive Kraft geben könnte. So lassen Sie es z. B. nicht in sich zu, ein guter Surfer, Broker oder Handwerker etc. zu sein. Stattdessen projizieren Sie Ihre Talente auf andere und verurteilen sie dafür. Aus dem theoretisch positiven Identitätsmerkmal bzw. Talent „Ich bin ein guter Surfer" ist in dessen Nicht-Akzeptanz das auf andere mit Wut und Neid projizierte „Du bist ein angeberischer Wellenreiter!" geworden. Vielleicht werden Sie darüber hinaus von Ihren Freunden oft als Miesepeter bezeichnet, obwohl sie Ihnen eigentlich nur helfen wollen, Ihre Fähigkeiten zu entwickeln. Womöglich haben Sie Ihre Talente aufgrund Ihrer Erziehung nicht entwickeln dürfen.

Möglicherweise gab es in Ihrer Familie viele (un-)ausgesprochenen Verbote. Statt sich auf die Suche nach Ihren wahren Neigungen zu begeben, folgten Sie dem vorgezeichneten Pfad Ihrer Eltern, Verwandten etc. Sie stellten lieber deren Bedürfnisse zufrieden und unterdrückten Ihre eigenen. Insofern konnten Sie Ihre Talente nicht als etwas Natürliches und zu Ihnen Gehöhrendes wahrnehmen, sondern akzeptierten diese aufgrund Ihres von außen auferlegten Unerlaubtseins immer weniger. Nachdem der „offizielle" Teil Ihrer kindlich-jugendlichen Sozialisation zu Ende ist, haben Sie jetzt das Gefühl, an sich selbst vorbeigelebt zu haben.

Vielleicht hatten Sie andererseits als Kind und Jugendlicher auch wahre Glücksgefühle, wenn Sie z. B. an Ihrem Fahrrad herumgeschraubt haben oder im Sommerurlaub Ihre ersten begeisterten Schritte beim Tennisspielen machten. In diesen Momenten konnten Sie alles um sich herum vergessen und waren ganz versunken in das, was Sie taten. Sie fühlten keine Pflichten, keine Verhaltensregeln, keine Normen, keine Einschränkungen. Es gab nur Sie und das, womit Sie sich gerade beschäftigten. Nachdem Sie aus Ihrer „Traumwelt" wieder erwacht waren, hatten Sie nicht das Gefühl, Erholung oder einen Ausgleich für Ihre „Anstrengungen" zu brauchen. Paradoxerweise waren Sie darüber hinaus höchst produktiv und fühlten sich durch Ihr Tun erfrischt. Ihr Interesse an der Sache war wie eine Glut, an der Sie sich nicht verbrannten. Vielmehr wärmte Sie diese von innen und schenkte Ihnen Kraft und Freude.

Wenn es so oder so ähnlich war, dann waren Sie mit einem Ihrer wirklichen Talente verbunden. Ich denke, jeder von uns sehnt sich danach, Dinge zu tun, die von innen kommen und ohne Anstrengung geschehen, was ich wiederum als ein sich selbst liebendes Verhalten verstehe. Machen wir jedoch immer nur das, was wir tun müssen, stumpfen wir irgendwann ab. Dabei ist es egal, wie sehr uns andere vielleicht um unseren Job beneiden oder dafür, welche teuren Hobbys wir uns leisten können.

Deshalb ist es wichtig zu prüfen, wie stark wir das sichtbare Glück anderer ablehnen, die ihre Talente leben, um zu sehen, ob wir vielleicht unsere eigenen nicht gelebten Neigungen auf unsere Mitmenschen projizieren. Wenn wir in diesem Zusammenhang also wieder einmal jemanden kritisieren, sollten wir auf die dazu passenden negativen Gefühle und Gedanken achten und sie annehmen lernen. Indem wir diese zulassen, öffnen wir die Tür zu einer unserer wahren Stärken. Wir können uns dann wieder erlauben, das zu leben, was wir früher nicht entwickeln durften. Dadurch lieben wir uns mehr und integrieren unsere projizierten Talente. Gönnen wir es andererseits unseren Mitmenschen, wenn sie etwas besonders gut können, obwohl wir vielleicht gelegentlich eine Mischung aus leichtem Neid spüren, aber vor allem freudige Bewunderung, kann wiederum nicht von einem projizierenden Verhalten ausgegangen werden.

Testen Sie sich jetzt selbst, ob Sie möglicherweise Ihre eigenen Talente auf Ihre Mitmenschen projizieren.

Selbsteinschätzung zur Erhebung des projizierenden Verhaltens

Talente

Bitte beantworten Sie spontan folgende Fragen:

1. Wie häufig waren Sie in den vergangenen 12 Monaten neidisch auf die Art und Weise, wie andere Menschen ihr Leben gestalten?

   ....

   ....

   ....

   ....

2. Wie stark haben Sie währenddessen deren Hobbys/Tätigkeiten etc. abgewertet? (Bitte ankreuzen)

   1   2   3   4   5
   (1 = schwach; 5 = extrem stark)

3. Wie häufig empfanden Sie in den letzten 12 Monaten Freude bei dem, was Sie im täglichen Leben (Arbeit, Freizeit etc.) taten?

   ....

   ....

   ....

   ....

Sollte die Häufigkeit bei Frage 1) deutlich höher sein als bei Frage 3), ist das ein Anzeichen dafür, dass Sie Ihre Talente projizieren. Je stärker Ihre Kritik zudem in Frage 2) ausgeprägt ist, desto wahrscheinlicher unterdrücken Sie Ihre eigenen Talente und projizieren sie womöglich auf andere.

Vertiefung

Um in Kapitel 5 besser mit möglichen projizierten Talenten arbeiten zu können, notieren Sie bitte in der rechten Spalte der unten stehenden Liste, welche Talente Sie an anderen Menschen häufig kritisieren. Zum Beispiel: *Ich bin neidisch bzw. empfinde Wut, Groll etc., wenn* [mein Nachbar Klavier spielt]. Die Talente, die Ihnen in diesem Zusammenhang in den Sinn kommen, könnten in Wahrheit Ihre eigenen sein, die Sie aber nicht leben, sondern projizieren. Überprüfen Sie die obere Aussage anhand möglichst vieler Menschen und markieren Sie später die Fähigkeiten, die Sie besonders häufig an anderen kritisiert haben. Nur diesen liegt ein mögliches projizierendes Verhalten zugrunde und nur mit ihnen arbeiten Sie in Kapitel 5 weiter.

Tragen Sie außerdem in die linke Spalte ein, was Sie gut können und mit Freude ausüben. Das wird Ihnen später helfen, mit dem *inneren Feind* „Talente" besser umzugehen.

Echte und projizierte Talente

Ich freue mich, wenn ich ...	Ich bin neidisch bzw. empfinde Wut, Groll etc., wenn ... [Person und Tätigkeit einfügen].

Unerfüllte Bedürfnisse bzw. Unzufriedenheit

Wenn ein kleines Kind weint oder wütend ist, möchte es auf sich aufmerksam machen. Es hat ein Bedürfnis, das es allein nicht stillen kann. Eltern, die gut auf ihr Kind eingestimmt sind, spüren, was es braucht, sodass sich das Kind sowohl physisch als auch emotional wohlfühlt. In den ersten Lebensjahren ist es besonders wichtig, dass Eltern ihr Kind nicht nur ernähren, sondern ihm auch Sicherheit, Schutz und Geborgenheit geben. Natürlich braucht der junge Mensch darüber hinaus in allen Entwicklungsphasen das Gefühl, geliebt zu sein. Im Laufe der Zeit spielen weitere Bedürfnisse eine Rolle, die der US-amerikanische Psychologe Abraham Maslow in seiner nach ihm benannten Bedürfnispyramide beschrieben hat.[24] Das Stillen dieser Bedürfnisse ist elementar für die Gestaltung unseres ganzen Lebens. Da Eltern normalerweise jedoch nicht als allwissende Heilige auf der Welt wandeln, kommt es vor, dass sie es nicht schaffen, alle Bedürfnisse ihrer Kinder zu erfüllen. Das kann zu Schwierigkeiten führen, weil wir als Kinder vor allem in den ersten Lebensjahren unseren Eltern völlig ausgeliefert sind.

Die Psychotherapeuten Laurence Heller und Aline LaPierre behaupten, dass ein Baby, dessen Eltern seine Bedürfnisse über einen längeren Zeitraum nicht ausreichend stillen können, diese einschränkt und an das anpasst, was ihm verfügbar ist. Es ignoriert, was es eigentlich braucht, und trennt sich davon ab. Ein solches Verhalten hat in Hellers und LaPierres Augen jedoch eine lebensrettende Funktion. Wenn Eltern nämlich unzureichend auf die Bedürfnisse ihres Kindes eingehen, empfindet der junge Mensch das als zunehmend schmerzlich oder sogar lebensbedrohlich, weshalb er an die Situation angepasste Maßnahmen einleitet, um zu überleben.[25]

In Bezug auf die Entstehung eines *inneren Feindes* bedeutet das, dass wir als Kinder unsere Bedürfnisse nicht mehr als etwas Natürliches zulassen können und spätestens als Erwachsene in Form von Unzufriedenheit auf unsere Mitmenschen projizieren. Dass unsere eigenen Bedürfnisse in Wahrheit ungestillt sind, merken wir aber nicht. Stattdessen verurteilen wir andere dafür, wenn sie wegen irgendetwas unzufrieden sind. Es kann zudem sein, dass auch wir dafür angegangen werden, wenn wir des Öfteren missmutig sind, jedoch können wir das nicht als eigene Unzufriedenheit an uns wahrnehmen. In beiden Fällen ist es naheliegend, dass wir unerfüllte Bedürfnisse bzw. unsere Unzufriedenheit auf andere projizieren. Das heißt, aus dem in der Kindheit entstandenen, aber abgespaltenen Ausdruck „Ich bin (zu Recht) unzufrieden" wird beim Projizieren „Du bist (wie immer) unzufrieden!".

Sollten wir uns über die Unzufriedenheit anderer wieder einmal aufregen, ist es also wichtig zu erkennen, dass wir die dabei auftretenden negativen Gefühle und Gedanken innerlich annehmen müssen. Auf diese Weise lernen wir, unsere eigene Unzufriedenheit zu lieben, und integrieren sie dadurch. Das heißt, wir sind in der Lage, unsere abgespaltenen Bedürfnisse wieder zuzulassen, wodurch sich viele von ihnen von selbst auflösen. Wir bekommen das Gefühl, sie nicht mehr unbedingt alle stillen zu müssen. Wenn wir umgekehrt keine unerfüllten Bedürfnisse projizieren, dann sehen wir zwar die Unzufriedenheit anderer, können jedoch unsere Mitmenschen ohne Kritik darauf ansprechen. Außerdem gelingt es uns, einfühlsam mit ihnen umzugehen, wenn sie z.B. frustriert oder enttäuscht sind. Darüber hinaus empfinden wir in der Regel Zufriedenheit in unserem täglichen Tun.

Untersuchen Sie jetzt selbst, ob Sie möglicherweise unerfüllte Bedürfnisse auf Ihre Mitmenschen projizieren.

Selbsteinschätzung zur Erhebung des projizierenden Verhaltens

Unerfüllte Bedürfnisse/Unzufriedenheit

Bitte beantworten Sie spontan folgende Fragen:

1. Wie häufig waren Sie in den vergangenen 12 Monaten wütend, wenn andere Menschen unzufrieden waren?

2. Wie stark war währenddessen Ihre subjektiv empfundene Kritik? (Bitte ankreuzen)

1   2   3   4   5

(1 = schwach; 5 = extrem stark)

3. Wie häufig waren Sie in den letzten 12 Monaten zufrieden und/oder konnten mitfühlend mit der Unzufriedenheit anderer umgehen?

....

....

....

Sollte die Häufigkeit bei Frage 1) deutlich höher sein als bei Frage 3), ist das ein Anzeichen dafür, dass Sie unerfüllte Bedürfnisse projizieren. Je stärker zudem Ihre Kritik in Frage 2) ausgeprägt ist, desto wahrscheinlicher unterdrücken Sie Ihre eigenen Bedürfnisse und projizieren sie womöglich als Unzufriedenheit auf andere.

Vertiefung

Um in Kapitel 5 besser mit dem *inneren Feind* „unerfüllte Bedürfnisse" und dessen projektiver Übertragung auf andere arbeiten zu können, tragen Sie in die rechte Spalte der unten stehenden Liste ein, für welche Aspekte der Unzufriedenheit Sie Ihre Mitmenschen kritisieren. Auf diese Weise können Sie Ihre eigenen unbewussten und unerfüllten Bedürfnisse in Erfahrung bringen. Sie können z.b. sagen: *Ich bin genervt, dass* [Person einfügen] *unzufrieden ist, weil* [er/sie z.B.: ständig sagt, dass er/sie zu wenig Geld hat]. Das heißt, in diesem Fall wäre Ihr ungestilltes, aber nicht akzeptiertes Bedürfnis, dass Sie selbst finanziell abgesichert sein und genügend Geld haben wollen. Jedoch brauchen Sie diesen *inneren Feind* nicht extra zu benennen. Vielmehr geht es darum zu lernen, Ihre negativen Gefühle und Gedanken innerlich zuzulassen. Auf diesem Weg können Sie sich wieder selbst lieben lernen und Ihr projizierendes Verhalten integrieren. Natürlich müssen nicht alle Aspekte, die Sie auf diese Weise herausfinden, die Widerspiegelung Ihrer eigenen abgelehnten und projizierten Bedürfnisse sein. Nur die Punkte der Unzufriedenheit, die Ihre deutliche und wiederholte Kritik an anderen Menschen aufzeigen, sind für Ihre Arbeit in Kapitel 5 relevant, weil nur sie auf ein projizierendes Verhalten hindeuten. Markieren Sie diese mit einer entsprechenden Farbe.

In der linken Spalte notieren Sie, womit Sie im Leben derzeit zufrieden sind. Das gibt Ihnen Kraft, um mit Ihrem *inneren Feind* „unerfüllte Bedürfnisse" besser umgehen zu können. Formulieren Sie also einen Satz wie: *Ich bin dankbar für* [z. B.: meinen Job, der mir Spaß macht]. Lassen Sie sich für diesen Prozess Zeit. Tragen Sie im Laufe der Tage und Wochen immer wieder etwas in die Spalten ein.

Erfüllte Bedürfnisse und projizierte unerfüllte Bedürfnisse

Ich bin dankbar für …	Ich bin genervt/wütend, dass [Person einfügen] unzufrieden ist, weil er/sie …

Schuld und Schuldgefühle

Der Begriff Schuld steht sprachgeschichtlich u.a. mit dem mittelhochdeutschen Verb *scholn/schuln* in Verbindung – eine alte Form des heutigen Hilfsverbs *sollen*. Inhaltlich bedeutet dieses Verb *verpflichtet, genötigt sein* oder *schulden*.[26] Diese Art von Schuld wird in erster Linie mit ökonomischen Beziehungen assoziiert. Nehmen wir z.B. einen Kredit auf, gehen wir mit einer Bank eine Verpflichtung ein. Der Begriff Schuld hat aber noch mehr Komponenten. Man kann auch *wegen* etwas schuld zu sein. Indem wir uns zu dieser Schuld bekennen, übernehmen wir die Verantwortung für den Verstoß gegen eine gesetzte Norm, Regel oder ein Gesetz.

Darüber hinaus steht der Schuldbegriff mit dem Wort Sünde in Verbindung, weil beide eine gemeinsame inhaltliche Basis haben. Denn nicht nur die Schuld ist das Ergebnis eines Verstoßes – z.B. gegen eine Regel –, sondern auch die Sünde. Das liegt daran, dass die Sünde im Christentum u.a. als *Verstoß gegen ein göttliches Gebot*, d.h. eine Art Gesetz, verstanden wird.[27] Zusätzlich gibt es eine zweite inhaltliche Überschneidung zwischen Sünde und Schuld. Das Wort Sünde bezieht sich nämlich auf den alten germanischen Rechtsausdruck *sundjo*, was *Schuld für eine strafwürdige Tat* bedeutet.[28] Das heißt folglich, dass sowohl die Sünde als auch die Schuld den Aspekt der Strafwürdigkeit einer Handlung beinhalten, wodurch sie zusätzlich miteinander verwoben sind. Im heutigen Sprachgebrauch werden Sünde und Schuld jedoch inhaltlich nicht zu 100 % deckungsgleich verwendet. Vielmehr ist es so, dass wir normalerweise weniger von Schuld, sondern von Sünde sprechen, je mehr wir den Bruch von Normen, Regeln etc. mit göttlichen Geboten assoziieren.

Die Problematik beim Thema Schuld/Sünde ist insbesondere die Übernahme von Verantwortung für das eigene Fehlverhalten. Damit meine ich weniger, wenn wir z.B. jemanden auf der Straße anrempeln. Hierfür fällt es wohl kaum schwer, Verantwortung zu übernehmen. Kommt jedoch jemand anderer durch unser Handeln wirklich zu Schaden, wird es schwieriger. Aber warum ist das so?

Schuld-Dilemma und Schuld projizieren

Eine wesentliche Ursache für die Schwierigkeit, zu seiner Schuld oder auch Sünde zu stehen, ist, dass beide Begriffe inhaltlich nicht nur mit einer möglichen Strafe, sondern auch mit Angst besetzt sind. Wenn nämlich durch das Eingeständnis von Schuld oder dem Sündenbekenntnis die Gefahr droht, bestraft zu werden, kann das angstauslösend wirken, weil wir wegen der Strafe glauben, unsere Identität zu verlieren. Da Angst eine zusammenziehende bzw. bremsende Kraft ist, verhindert sie, dass wir die Verantwortung für unsere Taten übernehmen. Wir können unsere Schuld nicht akzeptieren, weshalb sie schließlich zum *inneren Feind* wird.

Speziell auf die religiöse Dimension bezogen, werden die Auswirkungen der Kombination von Angst und Strafe noch deutlicher. Angenommen Sie glauben an die zehn Gebote. Dort heißt es z.b. im sechsten Gebot, dass die Ehe nicht gebrochen werden soll.[29] Wenn Sie also fremdgegangen sind, haben Sie sich im Sinne des Gebots schuldig gemacht. Was tun Sie jetzt? Sie gestehen entweder Ihrem Partner den Ehebruch, geben zu, dass Sie „gesündigt" haben, und übernehmen die Schuld dafür, oder Sie tun so, als ob nichts gewesen wäre. Entscheiden Sie sich für Letzteres, tun Sie das vielleicht deshalb, weil Sie annehmen, bestraft oder verlassen zu werden. Sie bekommen Angst, weil Sie sich mit Ihrer Partnerschaft identifizieren, die ein sicherer bzw. identitärer Teil von Ihnen ist und vielleicht wegfallen könnte. Oder Sie befürchten gar die Strafe Gottes, die noch viel heftigere Konsequenzen nach sich ziehen könnte. Die schwebende Ungewissheit über das nicht kalkulierbare Strafmaß Gottes steigert im Vergleich zur absehbaren Strafe beim Ehebruch die eigenen Ängste deutlich.

Da Sie sich der Wahrheit nicht stellen können, aber trotzdem wissen, dass Sie ein Gebot missachtet haben, entsteht ein diffuses Gefühls- und Gedankenkarussell. Sie rechtfertigen Ihr Verhalten vor Ihrem inneren „Richter", was aber nicht gelingt, weil Sie einerseits als gläubiger Mensch von der Richtigkeit, die Ehe nicht zu brechen, überzeugt sind, aber gleichzeitig größte Angst vor den Konsequenzen Ihrer „Beichte" haben. In diesem inneren Widerstreit entstehen Gewissensbisse. Die nicht übernommene Schuld bzw. das Eingestehen der Sünde lässt Sie nicht in Ruhe – sie beißt Sie richtiggehend und ist Ausdruck Ihres inneren Leidens.

Einen solchen Zustand können Sie kaum dauerhaft aufrechterhalten. Entweder Sie ringen sich irgendwann zur Übernahme Ihrer Verantwortung durch oder Sie spalten Ihre Schuld/Sünde von sich ab. Insofern sind Sie dauerhaft nicht mehr imstande, Ihre Schuld/Sünde zu akzeptieren, und sie wandelt sich zum *inneren Feind*. Sie projizieren dann Ihre Unfähigkeit, die Verantwortung für Ihre Schuld/Sünde zu übernehmen, auf andere Menschen. Dabei schwingt natürlich Kritik und Wut mit. Dass Sie an etwas schuld sind bzw. gesündigt haben, sehen Sie während Ihres projizierenden Verhaltens nicht. Sie selbst können Beschuldigungen und Kritik nur zurückweisen, da Sie keinen Zugang zu Ihrer Schuldfähigkeit haben. Aus „Ich bin schuld" wird beim projizierenden Verhalten „Du bist (immer an allem) schuld!".

Projizieren wir Schuld auf andere, kann das weitreichende Konsequenzen auf unsere zwischenmenschlichen Beziehungen haben. Entweder haben wir nur Menschen um uns, die sich uns wegen ihres mangelnden Selbstwerts dienend unterordnen und sich deshalb ein ständiges Beschuldigen gefallen lassen, oder unsere Mitmenschen sind kalkuliert opportunistisch und erhoffen sich aus der Beziehung mit uns noch irgendeinen persönlichen Nutzen, weil wir vielleicht eine hohe Position in der Gesellschaft bekleiden. Wer sonst sollte sich dauerhaft gefallen lassen, für alles Mögliche schuld zu sein? Im Prinzip sind wir aber einsam und haben keine Beziehung, bei der wir zulassen, dass uns andere Menschen auf Augenhöhe begegnen.

Sich nicht zu seiner Schuld bekennen zu können macht innerlich zerrissen, deshalb müssen wir das Thema „Schuld" genauer in den Blick nehmen. Erahnen wir, dass wir Schuld auf andere Menschen projizieren, ist es wichtig zu lernen, Schuld wieder in uns zuzulassen. Dafür ist es notwendig, die nach dem Beschuldigen aufkommenden negativen Gefühle und Gedanken anzunehmen. Auf diesem Weg können wir unsere verdrängte Schuld wieder als Teil unseres Menschseins akzeptieren und integrieren sie dadurch. Sollten wir andererseits in der Lage sein, unsere Mitmenschen einfühlsam darauf hinzuweisen, dass sie aus unserer Sicht an etwas schuld sind, indem wir sie in deren Situation zwar verstehen, aber trotzdem dazu ermuntern, ihre Schuld innerlich zuzulassen, ist nicht von einem projizierenden Verhalten unsererseits auszugehen. Vielmehr zeigen wir ihnen damit die Notwendigkeit auf, Verantwortung für das eigene Fehlverhalten zu übernehmen.

Das andere Extrem ist, wenn wir allzu schnell die Schuld für etwas auf uns nehmen, also zu einer übersteigerten Schuldübernahme neigen, was aber nichts mit projizierter Schuld zu tun hat. Die Entstehung dieses Verhaltensmusters kann in Anlehnung an den amerikanisch-deutschen Philosophen Walter Kaufmann folgendermaßen beschrieben werden. Wenn Eltern ihrem Kind eine Strafe wegen einer verbotenen Handlung androhen, passieren zwei Dinge: Einerseits bekommt es Angst, bestraft zu werden, wenn es den Eltern gegenüber nicht folgsam ist. Fällt die Strafe jedoch weg, indem die Eltern dem Kind diese beliebig erlassen, bleibt schließlich beim Kind ein Schuldgefühl zurück.[30] Das ist logisch, weil das Kind ja weiß, dass es etwas getan hat, wofür es normalerweise bestraft würde. Im Ergebnis entwickeln sich diffuse Schuldgefühle, die anfällig für eine unangebrachte bzw. übertriebene Schuldübernahme machen.

Besser wäre natürlich, bei der Erziehung erst gar keine Strafe anzudrohen, sondern einem Kind zu erklären, warum es etwas falsch gemacht hat und wie es die Dinge das nächste Mal besser machen kann. Dann entstünden weder Angst noch Schuld.

Testen Sie sich jetzt selbst, ob Sie Schuld auf Ihre Mitmenschen projizieren.

Selbsteinschätzung zur Erhebung des projizierenden Verhaltens

Schuld

Bitte beantworten Sie spontan folgende Fragen:

1. Wie häufig haben Sie anderen Menschen in den vergangenen 12 Monaten wegen etwas die Schuld gegeben?

....

....

....

2. Wie stark war währenddessen Ihre subjektiv empfundene Kritik? (Bitte ankreuzen)

1 2 3 4 5
(1 = schwach; 5 = extrem stark)

3. Wie häufig haben Sie in den vergangenen 12 Monaten andere Menschen einfühlsam dabei unterstützt, Verantwortung für ihr Verhalten zu übernehmen, nachdem sie gegen Regeln, Gesetze etc. verstoßen haben, ohne mit „erhobenem Zeigefinger" auf sie zu zeigen?

....

....

....

Sollte die Häufigkeit bei Frage 1) deutlich höher sein als bei Frage 3), ist das ein Anzeichen dafür, dass Sie Schuld projizieren. Je stärker zudem Ihre Kritik in Frage 2) ausgeprägt ist, desto weniger können Sie selbst Schuld annehmen und projizieren sie auf andere.

(Mangelnder) Gottglaube

In einer Talkshow zu den Themen „Glauben" und „Gott" hörte ich von einem Atheisten einmal Folgendes: „Wieder faselt hier einer von einem Gott, den er nicht beweisen kann. Warum übernehmen die Leute nicht endlich Verantwortung für ihr Leben, anstatt sie an etwas abzugeben, was nicht existiert?" In der Sendung war auch ein gläubiger Christ vertreten. Er fiel in der Diskussion durch Aussagen wie diese auf: „Je mehr ich an Gott glaube, desto mehr wird er mir helfen, mein Leben zu leben. Wenn ich nicht weiterweiß, überlasse ich ihm die Führung."

Konträrer könnten diese Aussagen wohl nicht sein, und doch gibt es eine Gemeinsamkeit. Weder kann der Atheist den Nachweis erbringen, dass es Gott nicht gibt, noch kann der Christ das Gegenteil beweisen. Es bleibt für beide ein Mysterium. Der Glaube an Gott könnte beim Christen z.B. aufgrund bestimmter Erfahrungen entstanden sein, die er auf göttliches Wirken zurückführt. Manche sehen in diesem Zusammenhang Engel oder haben Visionen und glauben danach an eine höhere Wirklichkeit; genauso wie die, die Nahtoderfahrungen gemacht haben. Hatte der Atheist hingegen keine derartigen Erlebnisse, gibt es auch keinen Grund für ihn, an Gott zu glauben. Beide Einsichten basieren auf der eigenen Erfahrung der Welt und sind insofern subjektiv wahr. Problematisch wird es, wenn wir von vornherein als allgemeingültig festlegen, dass es Gott gibt oder nicht gibt, und andere ständig vom jeweiligen Gegenteil überzeugen müssen.

Was heißt das bezogen auf das Talkshow-Gespräch? Weder der Atheist noch der Christ erweckten den Eindruck, mit ihrer persönlichen (höheren) Glaubenswirklichkeit in Kontakt und im Frieden zu sein. Beide fühlten sich vielmehr durch die jeweiligen Fragen und Aussagen des anderen ständig infrage gestellt. Auf beiden Seiten entstand zunehmend Wut und Unsicherheit. Der Atheist stempelte dabei den Christen als kindlich und naiv ab, der aus Unmündigkeit einem Gott hinterherrenne, ohne sein Leben wirklich in die eigenen Hände zu nehmen. Gleichzeitig wurde er immer unsicherer und aggressiver, weil er den anderen von seiner Sicht der Dinge nicht überzeugen konnte. Der Christ seinerseits wurde ebenfalls immer ungehaltener, weil er von seinem eigenen Gottglauben offensichtlich doch nicht so stark „durchdrungen" war, dass er die Wut des anderen hätte an sich abprallen lassen können. Vielmehr setzte er sich mit Argumenten für seinen Glauben zur Wehr und verteidigte wütend seine Erfahrung von Gott. Er war währenddessen unfähig, die Position des Atheisten überhaupt als Möglichkeit gelten zu lassen. Im Laufe der Sendung wurde auch der Christ immer unsicherer, weil seine Kritik am Unglauben des anderen nicht in dessen erhoffter Bekehrung mündete.

Dass der Atheist die Existenz eines wie auch immer gearteten Gottes nicht akzeptierte, könnte aber auch an etwas anderem gelegen haben als an dessen nicht vorhandener Erfahrung von Gott. Ich hatte den Eindruck, dass der Mann einst vielleicht gläubig war und irgendetwas passiert sein musste. Womöglich erfuhr er trotz eines gottgefälligen Lebens viel Leid und konnte Gott als Realität irgendwann nicht mehr akzeptieren, und Gott wurde dadurch zu einem *inneren Feind*. Vielleicht denkt er deshalb heute insgeheim: „Ich glaube nicht mehr an Gott. Gäbe es ihn wirklich, hätte ich nicht so viel leiden müssen. Gott hätte das unmöglich zugelassen, wo ich doch niemandem etwas getan habe." Natürlich würde das voraussetzen, dass Gott das Leid des Einzelnen lindert oder es gar nicht erst entstehen lässt. Aber muss er das wirklich? Ist Gott wirklich (mit-)verantwortlich für das eigene Schicksal oder ist das ein falscher Glaubenssatz?

Dies alles könnte bei dem Atheisten vom ursprünglichen „Ich bin (eigentlich) gläubig" zum auf den Christen projizierten und kritisierten „Du bist zu Unrecht gläubig!" geführt haben. Der Christ wäre zur Verkörperung des eigentlich vorhandenen Gottglaubens des Atheisten geworden, indem der Atheist seinen nicht akzeptierten Glauben auf ihn projizierte. Ein Hinweis darauf ist, dass der Atheist den Gottglauben seines Gegenübers massiv kritisierte bzw. verurteilte. Der Heftigkeit der Kritik nach tat er das auch nicht das erste Mal. Ließe der „Ungläubige" andererseits diesen „verbannten" Gott als Vorstellung wieder in sich zu, käme er nicht daran vorbei, sich auch seinen unverarbeiteten, leidvollen Erfahrungen zu stellen. Er müsste all die dabei aufkommenden negativen Gefühle und Gedanken in sich zulassen, könnte sich auf diesem Weg wieder selbst lieben lernen und seinen eigentlich vorhandenen Gottglauben integrieren.

Auch der Christ muss wohl teilweise Zweifel an seinem Glauben gehabt haben. Warum? Wenn wir mit unserem Glauben im Reinen sind, dann können wir unser Gegenüber in seinem Unglauben sogar wertschätzend annehmen und müssen ihn nicht von Dingen überzeugen, die er nicht will. Der Christ kritisierte den anderen jedoch heftig und konnte ihm seinen Unglauben nicht zugestehen. Insofern ist zu vermuten, dass er selbst in der Tiefe eigene Glaubensaspekte ablehnte, die als *innere Feinde* verstanden werden können und die er auf den Atheisten projizierte. Aus einem nicht akzeptierten „Ich bin (nun mal teilweise) ungläubig" wäre dann das projizierte und am Atheisten kritisierte „Du bist (total) ungläubig!" geworden. Der Atheist verkörperte in diesem Verständnis die abgelehnten Glaubensaspekte des Christen, die dieser wiederum an dem anderen verurteilte.

Welche Glaubensbestandteile könnten das sein? Einen Hinweis darauf lieferte die nonverbale Sprache des Gläubigen. Während der Sendung häuften sich unkontrollierte Bewegungen sowie Brüche in seiner Stimme. In Verbindung mit einer immer wieder vom Schreck gezeichneten Mimik und einem eingesunkenen Oberkörper deutete einiges darauf hin, dass er Angst bzw. Panik hatte. Sie war ihm quasi in den Körper geschrieben.

Wie ich im Abschnitt *Die inneren Feinde „Angst" und „Wut" im Zusammenspiel begreifen* beschrieben habe, entsteht Angst, wenn wir glauben, unsere Identität zu verlieren. Unsere Wut dient dann dazu, diese Angst innerlich abzuwehren und die Vorstellung von uns zu verteidigen. Möglicherweise hatte der Atheist während der Diskussion den Gläubigen in Bezug auf dessen Glaubensidentität so sehr attackiert, dass dieser befürchtete, eben jene zu verlieren, und deshalb Angst bekam. Da der Christ dieses Gefühl aber nicht wahrnehmen und akzeptieren konnte, verteidigte er seinen Glauben mit Wut, um sein gewohntes Selbstbild aufrechtzuerhalten. Insofern wäre der *innere Feind* des Gläubigen nicht ein einzelner Glaubensaspekt, sondern die Angst davor, seine bisherige Glaubensidentität zu verlieren. Vielleicht hinderte ihn aber genau diese Angst, sich mehr auf seinen Glauben einzulassen bzw. einen starken, umfassenden Glauben zu entwickeln.

Im Fall des Christen ist es wichtig zu lernen, Wut und Angst in sich zuzulassen und aufzuhören, jemand anderen für dessen Unglauben (auch nur in Gedanken) zu verurteilen oder zwanghaft bekehren zu wollen. In diesem Zulassen entsteht Selbstakzeptanz bzw. Wertschätzung für sich selbst, was ich als Teil der Selbstliebe verstehe. Dadurch können die projizierten Anteile wieder integriert werden. Mir hat die Geschichte des Atheisten und des Christen noch etwas anderes gezeigt: Wenn wir nicht voll und ganz hinter dem stehen, woran wir glauben, sind wir unsicher bzw. manipulierbar. Wenn es sich beim (mangelnden) Gottglauben jedoch um kein projizierendes Verhalten handelt, lassen wir jedem seinen Glauben und fühlen uns wohl und sicher mit unserem eigenen. Das betrifft natürlich auch den Atheisten, da auch dieser letztlich jemand ist, der glaubt – aber eben an die Nicht-Existenz Gottes.

Testen Sie sich jetzt selbst, inwieweit Sie Glaubensaspekte auf andere projizieren.

Selbsteinschätzung zur Erhebung des projizierenden Verhaltens

(Mangelnder) Gottglaube

Bitte beantworten Sie spontan folgende Fragen:

1. Wie häufig haben Sie andere Menschen in den vergangenen 12 Monaten wegen ihres Glaubens oder ihrer Ungläubigkeit (auch nur in Gedanken) kritisiert?

   ....

   ....

   ....

2. Wie stark war währenddessen Ihre subjektiv empfundene Kritik? (Bitte ankreuzen)

   1   2   3   4   5
   (1 = schwach; 5 = extrem stark)

3. Wie häufig haben Sie in den vergangenen 12 Monaten die Weltauffassung oder Glaubensrichtung anderer Menschen als Möglichkeit gelten lassen, sofern nicht objektive* Gegebenheiten dagegensprachen?

   (* objektiv bedeutet hier z.B., dass die Erde keine Scheibe ist, obwohl das manche Menschen immer noch glauben)

   ....

   ....

Sollte die Häufigkeit bei Frage 1) deutlich höher sein als bei Frage 3), ist das ein Anzeichen dafür, dass Sie eigene Glaubensaspekte projizieren. Je stärker außerdem Ihre Kritik in Frage 2) ausgeprägt ist, desto eher unterdrücken Sie eigene Glaubensaspekte oder Verletzungen, die mit dem Glauben zu tun haben, und projizieren sie womöglich auf andere.

Grenzen

Die einfachste Form, um eine persönliche Grenze zum Ausdruck zu bringen, ist sicherlich ein simples „Nein". Warum brauchen wir Grenzen? Ihnen liegt das Bedürfnis nach Schutz zugrunde. So wie ein Baum sein Inneres mit einer Rinde umgibt, ist es auch das Bedürfnis des Menschen, seine körperliche Unversehrtheit zu wahren. Wir wissen intuitiv, dass unser Körper für unser Überleben elementar wichtig ist. Deshalb scheuen wir für gewöhnlich Situationen, die uns in offensichtliche Lebensgefahr bringen oder uns krank machen könnten. Neben diesem körperlichen Bedürfnis gibt es zusätzlich den Wunsch, emotional geschützt zu sein, d. h., dass uns unsere Gefühle nicht überfordern bzw. wir ihnen nicht hoffnungslos ausgeliefert sind. Fühlen wir uns also dem, was uns täglich gefühlsmäßig herausfordert, nicht (mehr) gewachsen – was sich z. B. anhand von starken Ängsten, Wut, Traurigkeit und Verzweiflung zeigen kann –, setzen wir für gewöhnlich ebenfalls Grenzen.

Ein Beispiel soll das verdeutlichen. Bekommen wir täglich neben der normalen Arbeit hundert E-Mails, die wir innerhalb eines Tages beantworten sollen, lassen wir uns das vielleicht zähneknirschend eine Zeit lang gefallen. Was ist aber, wenn es hundertfünfzig werden und schon Beschwerden eintrudeln, weil wir es nicht jedem recht machen können? Wahrscheinlich steigt unser Stresspegel, wir werden schnell wütend und schließlich dauerhaft missmutig, verunsichert, deprimiert und krank. Wir ziehen hoffentlich vorher die Notbremse und setzen klare Grenzen bzw. kündigen unseren Job. Sei es der körperlichen und/oder emotionalen Überforderung geschuldet, sagen wir folglich irgendwann Nein, um unser (inneres) Gleichgewicht zu halten oder wiederherzustellen.

Es gibt noch einen weiteren sinnvollen Grund, weshalb man Grenzen setzen sollte. Wenn jemand verhindern will, dass wir die Dinge leben, die wir für unser individuelles Glück als wichtig erachten, ist eine Grenzsetzung ebenso verständlich. Denn die Erfüllung der eigenen Bedürfnisse trägt ja maßgeblich dazu bei, man selbst zu sein. Oft verfallen jedoch vor allem Menschen in helfenden Berufen in das genaue Gegenteil und missachten ständig ihre Grenzen. Sie können nicht Nein sagen. Warum ist das so? Wenn man jemandem behilflich sein konnte, hat man berechtigterweise ein gutes Gefühl. Wir werden gelobt oder anderweitig bestätigt und fühlen uns vielleicht auch geschmeichelt. Das interpretieren wir als Liebe und sind daher verständlicherweise geneigt, unsere Unterstützung auch weiterhin anzubieten. Doch genau das kann gefährlich sein. Mit der Zeit verselbstständigt sich die anfänglich natürliche Hilfe und wird zu einer automatisierten Handlung in der Hoffnung, Liebe zu bekommen. Wir handeln nicht mehr frei und spontan, sondern zweckgebunden, um etwas zu erhalten. Dadurch geben wir mehr, als wir können, und laugen immer mehr aus. Unser Geben wird hohl, leer und entspricht nicht mehr der kraftvollen Unterstützung, die uns anfänglich ein gutes Gefühl gegeben hat. Vielmehr entwickeln wir den Glaubenssatz, immer helfen zu müssen. Wenn wir es nun nicht schaffen, unsere Grenzen zu akzeptieren und Nein zu sagen, können sie zu einem *inneren Feind* werden, den wir auf unsere Mitmenschen projizieren.

Ob das tatsächlich so ist, lässt sich leicht überprüfen, indem wir betrachten, wie wir mit dem Nein anderer umgehen. Können wir deren Grenzen in der Regel gut akzeptieren, haben wir auch selbst kein Problem mit den unseren. Wenn wir jedoch unsere Mitmenschen, die ihre Grenzen klar setzen und auch mal Nein sagen, deswegen kritisieren – weil wir ja so viel geben und immer zu allem Ja sagen -, ist es ein Hinweis darauf, dass wir ein unnatürliches Verhältnis zu unserer „Ein-Wort-Grenze" haben. Uns ist nicht klar, dass wir unsere eigenen Grenzen nicht akzeptieren können und diese deshalb projizierend aus uns hinausverlagern. Unsere Mitmenschen werden in diesem Fall zur Verkörperung unserer nicht akzeptierten Grenzen, die sie uns durch ihr vermeintlich ständiges Nein zurückspiegeln. Vermeintlich deshalb, weil unser Gegenüber vielleicht nicht einmal ein wirkliches Nein meint, sondern nur *wir* es als ein solches interpretieren. Wenn wir uns also wieder einmal über ein Nein unseres Gegenübers aufregen und unser projizierendes Verhalten grundsätzlich erkennen, ist es wichtig, unsere negativen Gefühle und Gedanken genau zu beobachten und in uns zuzulassen. Auf diesem Weg können wir uns selbst wieder lieben lernen und dadurch unsere projizierten Grenzen integrieren.

Sagen wir aber selbst häufig zu allem Nein, haben wir vielleicht zu starre Grenzen. Das kann für unsere Selbstliebe ebenso abträglich sein, als wenn wir immer nur Ja sagen und anderen wie automatisiert helfen.

Diese Starre erlaubt uns nicht mehr, uns auf etwas Neues einzulassen. Unser Leben entwickelt sich auf diese Weise von einem fließenden Fluss hin zu einem stehenden Gewässer, das zum Sumpf wird, in dem wir nach und nach (innerlich) ertrinken. Negieren wir alles, was neu ist, haben wir wahrscheinlich Angst vor dem Leben, weil das Leben grundsätzlich Veränderung in sich birgt und stets Unbekanntes hervorbringt.

Testen Sie sich jetzt selbst, ob Sie Ihre nicht akzeptierten Grenzen auf Ihre Mitmenschen projizieren.

Selbsteinschätzung zur Erhebung des projizierenden Verhaltens

Grenzen

Bitte beantworten Sie spontan folgende Fragen:

1. Wie häufig waren Sie in den letzten 12 Monaten mit einem Nein anderer Menschen konfrontiert?

2. Wie stark war währenddessen Ihre subjektiv empfundene Kritik? (Bitte ankreuzen)

1 2 3 4 5

(1 = schwach; 5 = extrem stark)

3. Wie häufig haben Sie in den vergangenen 12 Monaten selbst guten Gewissens Nein gesagt und/oder konnten ein Nein anderer gut akzeptieren?

....

....

....

....

Sollte die Häufigkeit bei Frage 1) deutlich höher sein als bei Frage 3), ist das ein Anzeichen dafür, dass Sie Ihre Grenzen projizieren. Je stärker außerdem Ihre Kritik in Frage 2) ausgeprägt ist, desto weniger sind Sie selbst in der Lage, Ihre Grenzen zu akzeptieren, und projizieren sie womöglich auf andere.

Kindheitsverletzungen

Stellen Sie sich vor, Sie hätten sich dafür entschieden, ein Meditations-Retreat in einem Kloster zu besuchen. Nach kurzer Zeit blühen Sie dort richtiggehend auf. Sie genießen die Ruhe und fühlen sich zunehmend entspannt und gelassen. Man könnte fast sagen, ein kleines Wunder sei geschehen, weil Sie noch wenige Tage vor dem Klosteraufenthalt immer wieder Angst- und Wutanfälle hatten, die in der Vergangenheit schon öfter vorkamen und jetzt plötzlich weg sind. Als Sie Ihre Meditations- und Entspannungspraxis vertiefen, werden Ihnen immer mehr Einsichten zuteil. Sie fühlen sich bedeutend leichter und beschwingter, sodass Sie schon an Ihre baldige Erleuchtung glauben oder zumindest damit liebäugeln, demnächst die Schwerkraft überwinden zu können.

Da Sie sich länger nicht bei Ihren Eltern gemeldet haben, rufen Sie eines Abends an. Sie wissen, dass Ihre gemeinsamen Gespräche in der Vergangenheit immer wieder schwierig waren und ein beiläufiger Kommentar Sie schon mal wütend gemacht oder auch eingeschüchtert hat. Manchmal haben Sie sich auch einfach nur unwohl gefühlt oder waren nach einem Gespräch auf unerklärliche Weise ausgelaugt. Weil Sie sich jetzt aber quasi fast erleuchtet fühlen, glauben Sie, dass Sie dieses Mal völlig gelassen bleiben. Sie rufen an, Ihr Vater nimmt ab und am Anfang des Gesprächs fühlen Sie sich wohl und sicher. Sie sprechen über Ihren Aufenthalt im Kloster und wie es Ihnen dort geht. Währenddessen spüren Sie sogar Ihren Atem. Nichts scheint Sie heute aus der Ruhe bringen zu können, schließlich haben Sie auch viel geübt. Doch nachdem Ihr Vater zum dritten Mal nicht auf Anhieb versteht, was Sie sagen, sind Sie plötzlich genervt und fragen ihn, ob er überhaupt mit Ihnen reden wolle. Wie Sie es schon häufiger in der Vergangenheit getan haben, fangen Sie an, Ihren Vater zu kritisieren und werfen ihm vor, dass er Ihnen nie zuhöre und sich ebenso wenig in Sie hineinversetzen wolle. Sie wissen aber eigentlich ganz genau, dass er wegen seiner Schwerhörigkeit bereits sein Bestmöglichstes gibt. Dennoch sind Sie in kürzester Zeit so genervt, dass Sie eigentlich gar keine Lust mehr haben, das Gespräch weiterzuführen. Ihr Vater seinerseits kritisiert Sie, wie schon so oft, dass Sie überhaupt kein Einfühlungsvermögen für einen älteren Menschen wie ihn hätten. Er ist verletzt und fängt an, Sie zu beschimpfen, indem er Ihnen an den Kopf wirft, Sie seien ein missratener Sohn. Das lassen Sie nicht unbeantwortet und reagieren in derselben Lautstärke, indem Sie ihm sein „ewiges" Verletztsein vorwerfen, bevor Sie einfach auflegen.

Was ist passiert? Warum konnten Sie nicht ruhig bleiben? Eine Analyse des Telefonats mit unserem Beispiel-Vater soll eine Antwort geben. Dass unser Vater am Telefon schlecht hört, ist uns rational sicher klar, wir kennen ihn ja. Aber in der Tiefe vermissen wir, dass wir in der Kindheit zu wenig genährt, gehalten, gehört oder geschützt wurden bzw. ganz allgemein zu wenig Aufmerksamkeit bekamen. Als Folge davon sind wir nicht in der Lage, mitfühlend auf unseren Vater zu reagieren. Dass wir selbst zu wenig elterliche Fürsorge erhalten haben, ist uns in dieser Situation nicht bewusst. Wir sind noch immer so sehr verletzt darüber, dass unser Vater sich nicht in unsere kindliche Bedürftigkeit hineinversetzen konnte, dass es uns bis heute nicht gelingt, diese Wunde zu akzeptieren.

Indem wir unseren Vater wegen seines Verletztseins kritisieren, kaschieren wir – wegen seines mangelnden Einfühlungsvermögens in unserer Kindheit – unser eigenes Verletztsein. Diese Verletzung ist im Laufe der Zeit zum *inneren Feind* geworden, den wir projizieren, um unsere Psyche bzw. unseren Selbstwert im Hier und Jetzt zu schützen. Deshalb ist unsere Wahrnehmung heute etwas verdreht. Das heißt, aus dem ursprünglichen „Ich bin verletzt (weil du dich nicht auf mich einstimmen konntest)" ist das heute am Vater kritisierte und auf ihn projizierte „Du bist (ewig) verletzt!" geworden. Leider wirkt unser jetziges Verteidigungsmuster nur wie ein Dauerpflaster, das die alte Wunde zwar schützt, aber nicht zu heilen vermag. Außerdem kann es sein, dass auch unser Vater seine eigenen Verletzungen auf uns projiziert. Auch das ist möglich. Gleichzeitig haben wir in der unbewussten Tiefe wahrscheinlich Angst, unsere Verletzung wieder in uns zuzulassen, und sind wütend, ohne jedoch in der Lage zu sein, diese Gefühle zuordnen zu können. Nach dem Telefonat tut es uns leid, dass wir aufgelegt haben, und wir werden womöglich traurig. Das könnte die Traurigkeit darüber sein, dass unsere ungestillten Bedürfnisse aus der Kindheit nicht erfüllt wurden bzw. verloren gegangen sind. Ein solcher „Bedürfnis-Verlust" will Marshall Rosenberg zufolge betrauert werden.[31]

Es ist sicherlich nicht einfach, Kindheitsverletzungen als projizierendes Verhalten zu erkennen. Und trotzdem gibt es Möglichkeiten, an sie heranzukommen – indem wir wachsam überprüfen, was wir Familienmitgliedern oder Menschen, die unser Vertrauen genießen (sollten), in Konfliktsituationen (auch nur gedanklich) häufig vorwerfen. Unsere Partner eignen sich ebenfalls dazu, Kindheitsverletzungen zu erkennen. Haben wir eine solche projizierte Verletzung grundsätzlich identifiziert, nachdem wir uns z.B. mit unserem Vater wegen seines mangelnden Einfühlungsvermögens wieder einmal gestritten haben, ist es wichtig, alle auftauchenden negativen Gefühle und Gedanken, d.h. Angst, Wut, Traurigkeit, Vorwurfs-Gedanken etc., in uns zuzulassen. Damit eröffnet sich die Chance, uns wieder mehr selbst zu lieben bzw. die projizierte Verletzung zu integrieren.

Prüfen Sie nun, ob Sie unverarbeitete Kindheitsverletzungen auf Ihre Mitmenschen projizieren.

Selbsteinschätzung zur Erhebung des projizierenden Verhaltens

Kindheitsverletzungen

Bitte beantworten Sie spontan folgende Fragen:

1. Wie häufig war jemand aus Ihrer Familie und/oder Ihr Partner in den letzten 12 Monaten emotional verletzt?

   ....

   ....

   ....

   ....

2. Wie stark war Ihre subjektiv empfundene Kritik an deren Verletztsein? (Bitte ankreuzen)

   1 2 3 4 5
   (1 = schwach; 5 = extrem stark)

3. Wie häufig haben Sie es in den vergangenen 12 Monaten geschafft, auf deren Verletztsein mitfühlend einzugehen bzw. einfühlsam zu reagieren?

   ....

   ....

   ....

   ....

Sollte die Häufigkeit bei Frage 1) deutlich höher sein als bei Frage 3), ist das ein Anzeichen dafür, dass Sie eigene Kindheitsverletzungen projizieren. Je stärker zudem Ihre Kritik in Frage 2) ausgeprägt ist, desto wahrscheinlicher ist es, dass Sie eigene Kindheitsverletzungen auf andere projizieren.

Vertiefung

Um in Kapitel 5 mit Ihren (projizierten) Kindheitsverletzungen besser arbeiten zu können, legen Sie sich wieder eine Tabelle an. In der linken Spalte notieren Sie die Aspekte, die Sie an Ihren Eltern und/oder Ihrem Partner mögen. Beginnen Sie z.b. folgendermaßen: *An meinem Vater/ meiner Mutter/meinem Partner liebe ich, dass ...* Es ist wichtig, die dazu aufkommenden Gedanken festzuhalten, da Sie Ihnen bei der Arbeit mit Ihren Kindheitsverletzungen die notwendige Kraft geben. In die rechte Spalte tragen Sie ein, welche Dinge Sie an Ihren Eltern und/oder Ihrem Partner regelmäßig kritisieren, wenn diese verletzt sind. Dahinter könnten sich Ihre projizierten bzw. unbewussten Kindheitsverletzungen verbergen. Beginnen Sie z.b. mit: *Ich bin wütend darüber, dass mein Vater/ meine Mutter/mein Partner verletzt ist, weil/wenn ...* [ich ihnen nicht zugehört habe etc.]. Es ist nicht notwendig, den eigentlichen *inneren Feind* im Detail zu benennen. Sie schreiben also nicht auf, dass Ihnen wie in diesem Beispiel wahrscheinlich das mangelnde Einfühlungsvermögen Ihres Vaters in der Kindheit sehr wehgetan hat. Entscheidend ist es zu lernen, die negativen Gefühle und Gedanken, die auftauchen, innerlich anzunehmen, nachdem Sie die Kritik an den einzelnen Verletzungen Ihrer Eltern erkannt und verschriftlicht haben. Vervollständigen Sie die Liste über einen längeren Zeitraum hinweg. Für Ihre Arbeit in Kapitel 5 sind wieder nur solche Aspekte relevant, die immer wieder vorkommen. Nur diese Verletzungen weisen auf projizierendes Verhalten hin. Markieren Sie sie entsprechend.

Liebe für die Eltern/den Partner und projizierte Kindheitsverletzungen

An meinem Vater/meiner Mutter/meinem Partner liebe ich, dass ...	Ich bin wütend darüber, dass mein Vater/meine Mutter/ mein Partner verletzt ist, weil/ wenn ...
....	....
....	....
....	....
....	....
....	....
....	....
....	....

Autorität

Angenommen Sie sind Angestellter in einem Unternehmen in höherer Position. Sie verstehen die Betriebsabläufe bestens, haben für Ihre innovativen Ideen schon Prämien bekommen und sind bei Ihren Mitarbeitern sehr beliebt. Ihr einziges Problem ist Ihr eigener Chef und dessen Vorgesetzte. Statt Ihnen den Posten Ihres Chefs anzubieten, entschied sich die Geschäftsleitung nämlich vor ein paar Jahren für einen Mitarbeiter aus einem anderen Unternehmen. Ihr neuer Chef ist zwar nicht so beliebt wie Sie, aber er führt die Mitarbeiter der Abteilung, indem er Projekte in Auftrag gibt, Mitarbeitergespräche führt, Kollegen befördert und auch Regelverstöße bei der Arbeit ahndet. Kurz: Er trifft die notwendigen Entscheidungen des Arbeitsbereichs! So wurde erst kürzlich ein Kollege abgemahnt, weil er dauernd zu spät zur Arbeit kam. Ein anderer hingegen hat eine Prämie bekommen, weil sein Konzept bei der Geschäftsleitung Gefallen fand. Das war natürlich auch für Ihren Chef positiv.

Sie selbst stellen dessen Führungskompetenz jedoch immer wieder infrage und kritisieren ständig seine Entscheidungen. Sie sagen ihm deutlich ins Gesicht – und noch viel heftiger in Gedanken –, wie die Dinge im Unternehmen eigentlich laufen sollten. Auch beschweren Sie sich bei Kollegen darüber, dass andere Mitarbeiter unter ihm leiden, weil er ungerechtfertigte Entscheidungen (Abmahnungen, Entlassungen, Vergabe von nicht nachvollziehbaren Prämien für Projekte) treffe. Im Gespräch mit Freunden bezeichnen Sie Ihren Chef als Niete, der, statt zu führen, seine Mitarbeiter gängele und seine Position ausnutze, indem er andere für sich ausbeute, damit er schneller eine noch höhere Position bekomme. Das Seltsame ist, dass Sie weder bei den Gesprächen, in denen es um Abmahnungen oder Entlassungen ging, noch im Arbeitsprozess von später prämierten Projekten persönlich involviert waren. Ihre Urteile basieren auf dem, was Sie über die Mund-zu-Mund-Propaganda mitbekommen. Außerdem kritisieren Sie die oberste Führungsebene ob deren Entscheidungen – selbstverständlich wider besseres Wissen.

Warum reagieren Sie so? Neben dem nachvollziehbaren Neid, dass Sie die Stelle Ihres Chefs nicht bekommen haben, könnte noch etwas anderes eine Rolle spielen, was ich ebenfalls als *inneren Feind* bezeichnen möchte. Möglicherweise haben Sie damals die höher dotierte Position nicht bekommen, weil Ihnen selbst die notwendige Souveränität fehlt, um Mitarbeiter zu führen, obwohl Sie fachlich einen sehr guten Job machen. In einem solchen Fall kann es sein, dass Sie sich als Autoritätsperson nicht akzeptieren können und deshalb den Aspekt „Autorität" auf Ihren Chef projizieren bzw. an ihm vergrößert wahrnehmen. Aus „Ich habe keine Autorität" bzw. „Ich kann nicht führen" wird folglich die auf den Vorgesetzten projizierte und an ihm kritisierte Aussage „Du hast keine Autorität/du kannst nicht führen!". Aus diesem Grund versuchen Sie ständig, Ihren Chef in seinen Entscheidungen zu untergraben und infrage zu stellen.

Was könnte das Motiv für Ihren *inneren Feind* „Autorität" sein? Sind Eltern sehr autoritär, ordnet sich ihr Kind stark unter, um ihre Liebe zu bekommen. Es ist auf deren Zuneigung angewiesen und ihnen „ausgeliefert"! Als Folge wird es dauerhaft unterwürfig. Es hofft, solange es sich weiterhin nach dem elterlichen Autoritäts-Schema richtet, zur „Belohnung" doch noch geliebt zu werden. Deshalb ist das Kind als Erwachsener z.B. nicht so gut in der Lage, autonome Entscheidungen zu treffen, d.h., unabhängig von der Meinung anderer das zu tun, was er für richtig hält. Der Erwachsene fühlt sich in seinem Handeln nach wie vor unfrei und denkt insgeheim, dass er, wenn er nicht so handelt, wie andere es wollen, deren „Liebe" verliert oder für sein Handeln gar bestraft wird. Als Ergebnis der Anpassung an das elterliche „Erziehungsprogramm" akzeptiert er seine eigene Autorität nicht und projiziert sie z.B. auf Vorgesetzte. Er rebelliert ständig gegen deren Entscheidungen und überzieht sie mit verurteilender Kritik, statt sich selbst als freies und eigenständig handelndes Wesen zu begreifen.[32]

Dieses projizierende Verhalten ist nicht ungefährlich. Gegen Autoritäten zu rebellieren birgt zwei Gefahren. Erstens irgendwann seinen Job zu verlieren und zweitens sehr schnell erschöpft zu sein, weil der (emotionale) Kampf gegen Führungspersonen kraftraubend und im Normalfall aussichtslos ist. Vielmehr zerfleischt man sich innerlich, was sicherlich nichts mit Selbstliebe zu tun hat. Insofern ist es wichtig zu überprüfen, ob Sie des Öfteren die Entscheidungen Ihrer Vorgesetzten oder auch anderer Autoritäten der Gesellschaft (zu Unrecht) kritisieren. Wäre das so, müssten Sie lernen, die dazu passenden negativen Gefühle und Gedanken in sich zuzulassen, um Ihre projizierte Autorität wieder zu integrieren. Zeigen Sie andererseits das notwendige Rückgrat, wenn tatsächlich eine ungerechte Entscheidung gegen Sie oder andere gefällt wird, kann nicht von einem projizierenden Verhalten ausgegangen werden. Gehen Sie z.B. gegen Ihren Chef vor, wenn er Ihnen haltlos Schwächen andichtet, um sie als Mitarbeiter zu diskreditieren bzw. loszuwerden, ist Ihr Widerstand allzu verständlich und hat nichts mit einem *inneren Feind* zu tun. Vielmehr zeigen Sie damit, dass Sie selbst eine Autorität sind bzw. eigenständig und ohne Unterwürfigkeit handeln.

Testen Sie sich jetzt selbst, ob Sie Ihre eigene Unfähigkeit, autonome Entscheidungen zu treffen, auf Ihre Mitmenschen projizieren.

Selbsteinschätzung zur Erhebung des projizierenden Verhaltens

Autorität

Bitte beantworten Sie spontan folgende Fragen:

1. Wie häufig haben Sie in den vergangenen 12 Monaten Ihre Vorgesetzten oder allgemein Autoritäten der Gesellschaft kritisiert?

   ....

   ....

2. Wie stark war währenddessen Ihre subjektiv empfundene Kritik? (Bitte ankreuzen)

   1   2   3   4   5
   (1 = schwach; 5 = extrem stark)

3. Wie häufig haben Sie in den vergangenen 12 Monaten freie Entscheidungen getroffen?

   ....

   ....

4. Wie häufig konnten Sie in diesem Zeitraum mit klarem Kopf für Ihre eigenen Interessen einstehen, wenn Sie z. B. ungerecht behandelt wurden?

   ....

   ....

Sollte die Häufigkeit bei Frage 1) deutlich höher sein als bei Frage 3) und 4), ist das ein Anzeichen dafür, dass Sie Ihre eigene Autorität projizieren. Je stärker zudem Ihre Kritik in Frage 2) ausgeprägt ist, desto wahrscheinlicher ist es, dass Sie Ihre nicht akzeptierte Autorität projizieren.

Zusammenfassung des Kapitels

Innere Feinde sind alles Aspekte unserer Persönlichkeit, die wir dauerhaft ablehnen. Wenn wir mit diesen nicht akzeptierten Widersachern in unserem Inneren zu stark konfrontiert sind, neigen wir dazu, sie als Teile unserer Identität, wie z. B. Gefühle, unerfüllte Bedürfnisse, Schwächen etc., auf unsere Mitmenschen zu projizieren. Dadurch wandeln sich diese zu unseren Feinden bzw. werden zur Verkörperung unserer abgelehnten Persönlichkeit. Wir konstruieren uns also mithilfe von projizierendem Verhalten ein Feindbild, indem wir unsere *inneren Feinde* auf unsere Mitmenschen übertragen. Zur echten Selbstliebe gehört jedoch, sich als Mensch vollständig zu akzeptieren. Auf diesem Weg befreien wir uns von unseren künstlich erschaffenen Feinden, weil wir unsere inneren Gegner wieder zulassen und nicht länger auf andere projizieren. Das ist aber erst dann möglich, wenn wir wissen, was wir wirklich an uns ablehnen, d. h., welche *inneren Feinde* wir haben. Wir können diese Aspekte herausfinden, indem wir in der regelmäßigen und wütenden Kritik am Handeln/Verhalten anderer Menschen unser Projizieren erkennen und durchschauen lernen. Auf diese Weise öffnet sich die Tür zu unseren unbewussten bzw. bis dato verborgenen Aspekten der Selbstablehnung, weil sich diese im projizierenden Verhalten widerspiegeln.

Damit wir im nächsten Schritt die Selbst- und Feindesliebe bzw. die Integration der *inneren Feinde* konkret umsetzen können, müssen wir unsere Wut und alle weiteren negativen Gefühle und Gedanken innerlich wieder zulassen. Auf diesem liebenden Weg lösen sich sowohl die projizierenden Verhaltensweisen als auch die *inneren Feinde* schließlich auf. In der Summe ist folglich das Projizieren *innerer Feinde* die Voraussetzung, um tiefgreifende Selbstliebe entwickeln zu können, und die Feindesliebe das Ergebnis der bedingungslosen (Selbst-)Liebe all unserer nicht akzeptierten Persönlichkeitsanteile.

Zur (Selbst-)Liebe gehören noch mehr Aspekte als die in der Einführung erwähnte Wertschätzung bzw. Selbstakzeptanz. Sie aufzuzeigen ist wichtig, um zu verstehen, welche umfassende „Liebes-Kapazität" zu entwickeln ist, damit man lernt, die zu einem projizierenden Verhalten aufkommenden negativen Gefühle und Gedanken tatsächlich so umfassend wie möglich innerlich zuzulassen. Und da sich dieses Buch an Leser mit christlich-abendländischer Grundprägung richtet, stellt sich folgende Frage: Welche Qualitäten brauchen wir aus christlicher Sicht, um uns selbst mehr zu lieben?

2. *Agape* und Selbstliebe im Lichte der Evangelien

Liebe ist wie eine Quelle. Sie gibt jedem bedingungslos und unablässig, ohne etwas dafür zu wollen – und dennoch versorgt sie sich selbst die ganze Zeit mit reiner Liebe.

Heranführung

Durch die Erläuterungen zum mittelhochdeutschen Wort *liep* in der Einleitung wissen wir: Liebe bedeutet, dass wir uns wertschätzen. Wir sind uns also freundlich gesonnen und erkennen unseren besonderen Wert. Das hat nichts mit Selbstverliebtheit zu tun. Vielmehr geben wir uns als Mensch eine positive Bedeutung. Liebe bedeutet jedoch noch mehr als das. Im indoeuropäischen Wort *leubh*, das u.a. *begehren* heißt, eröffnet sich in der Liebe die zusätzliche Bedeutung der Begierde.[33] In der Liebe schwingen also verschiedene Bedeutungen und Absichten mit.

Die drei wesentlichen Liebesbegriffe der griechischen Antike *eros*, *philia* und *agape* bringen die inhaltliche Vielschichtigkeit der Liebe sehr deutlich zum Ausdruck. Platon beispielsweise versteht unter *eros* nicht nur die Liebe im sexuellen Sinne, sondern begreift sie als einen Prozess, in dem der Suchende, getragen vom Drang nach dem wahrhaft Schönen, vom Körperlichen ausgehend immer höhere Bewusstseinsstufen erklimmt, bis er die Idee des Schönen letztlich erkennt.[34] Platons *eros* ist somit eine umfassende Liebe, die sinnliche, geistige und seelische Aspekte einschließt und der Suche nach einer höheren Wahrheit dient. Das heute verbreitete Verständnis, *eros* sei etwas rein Sexuelles, hat Sigmund Freud maßgeblich geprägt, weil er die Libido als den wesentlichen Teil des *eros* bezeichnete.[35] Damit wurde die Liebe sehr stark auf das sexuelle Begehren verkürzt und bleibt auf konkrete Personen fixiert.

Philia andererseits bedeutet *Freundschaft*.[36] Für Aristoteles beschränkt sie sich nicht nur auf Freunde, sondern schließt das Verhältnis von Müttern zu ihren Kindern mit ein. Er macht es sogar zu einem wesentlichen Maßstab der Freundschaft, denn so wie sich Mütter an der Liebe zu ihren Kindern erfreuen, d. h. ihren Kindern Liebe schenken, besteht auch Freundschaft eher darin zu lieben, als geliebt zu werden. Des Weiteren sind echte Freunde solche, die sich gegenseitig in gleichem Maße Gutes wünschen. Außerdem teilen sie in Aristoteles' Welt die gleichen Tugenden, d. h. erstrebenswerte Eigenschaften oder eine positive Grundhaltung. Als wesentliche Tugend nennt er das Lieben selbst.[37] *Philia* ist demnach eine Liebe auf der Basis von Freiheit und Gemeinsamkeiten, anstelle des *eros*, bei dem eine Art Ausgeliefertsein mitschwingt.

Das Substantiv *agape* wiederum leitet sich vom altgriechischen Verb *agapan* ab, was u. a. *sich zufrieden geben mit irgendetwas* oder *jemanden mit Achtung behandeln* bedeutet, aber auch *empfangen, begrüßen* und *mit Ehren behandeln*.[38]

Die Liebe im Christentum

Im Christentum versteht man unter dem Wort *agape* mehr als das, was sich aus den ursprünglichen Übersetzungen des Verbs *agapan* ergibt. Wie der renommierte evangelische Theologe Ethelbert Stauffer meint, liegt das daran, dass *agape* mit dem Liebesbegriff des Judentums und dessen umfassendem Bedeutungsspektrum semantisch „aufgeladen" wurde.[39]

Liebe bedeutet im Alten Testament *ahaba* bzw. *ahab*. Sie bezieht sich auf viele Aspekte des Lebens, wie z. B. auf die zwischenmenschliche Leidenschaft, die bedingungslose Treue zu Freunden oder die Gottes- und Nächstenliebe. Sie hat jedoch eine Neigung zur Ausschließlichkeit, was man z. B. daran sieht, dass Gott sein *auserwähltes* Volk liebt oder *denen* gnädig ist, die treu seine Gebote befolgen. Als nun die auf Hebräisch verfassten Texte des Alten Testaments in das Altgriechische übersetzt wurden, verwendeten die Übersetzer fast ausschließlich das Verb *agapan* und nicht mehr *ahab*. Dadurch ist *agape* mit dem Sinn von *ahaba* inhaltlich belebt worden.[40] Im heutigen Christentum bildet die *agape* nun den Mittelpunkt der Religion, hinter der alle anderen Merkmale zurückstehen.[41] Sie beinhaltet dem katholischen Theologen Eberhard Schockenhoff zufolge die Liebe Gottes zu den Menschen seines Volkes und ebenso, dass die Menschen Gott, sich selbst und ihren Nächsten lieben.[42] Darin enthalten ist somit auch die Feindesliebe, da ja ein Feind ebenfalls ein Mitmensch ist. Spezifisch für das neutestamentliche Verständnis von *agape* ist – und damit unterscheidet sich *agape* von *ahaba* –, dass sich in Jesus Christus die Liebe Gottes den Menschen schenkt und auch über bzw. durch ihn wieder zu Gott zurückkehrt.[43] Ethelbert Stauffer betont zusätzlich, dass *agape* im Gegensatz zu *eros* nicht an ein Objekt gebunden ist, sondern auf der Handlungsebene vielmehr vom Liebenden selbst ausgeht, der seine Liebe frei durch Taten schenkt, wodurch sie anderen zugutekommt.[44] Einen anderen Menschen zu begehren oder gar eine Abhängigkeit aus dieser Liebe abzuleiten ist nach Stauffers Auffassung in *agape* also nicht enthalten.

Der ehemalige Papst Benedikt XVI. charakterisiert *agape* in diesem Verständnis weiter, indem er sie u.a. als ein Geschenk Gottes an den Menschen sieht, als eine uneigennützige Liebe, die Wohl und Glück des Nächsten im Auge hat, ihn entdecken, sich um ihn sorgen und für ihn da sein will. In diesem Dienst am Nächsten können wir Gott und damit seine Liebe spüren, sofern wir grundsätzlich eine Beziehung zu ihm haben.[45] Das heißt, weil Gott uns liebt, können wir uns selbst und andere lieben, und indem wir unsere Mitmenschen lieben, vertiefen wir die Liebe zu Gott und dadurch zu uns selbst, sofern wir uns der Liebe Gottes gewahr sind. In Papst Benedikts Verständnis ist die Selbstliebe also das Ergebnis aus der Gottesliebe, die aber die Nächstenliebe braucht, damit sie erlebbar wird und wachsen kann.

Im praktischen Leben stößt dieser Weg zur Selbstliebe jedoch nicht nur wegen der Unsichtbarkeit Gottes an seine Grenzen, sondern auch wegen der Nächstenliebe. Denn was machen Sie, wenn Sie Ihren Partner, Ihre Freunde oder Familie am liebsten „auf den Mond schießen" würden? Sollen Sie sich dann etwa zur Nächstenliebe zwingen? Wohl nicht. Wie Ethelbert Stauffer bereits betonte, beruht *agape* auf der Freiheit des Gebenden. „Sich zu etwas zwingen" und „frei geben" schließen sich in ihrer Umsetzung völlig aus. Außerdem können wir einem anderen Menschen nur so viel geben, wie wir selbst zur Verfügung haben.

Oder wie sollte z. B. ein Bettler seinem Gegenüber etwas zu essen geben, wenn er selbst mit leeren Händen dasitzt? Er kann nur die Menge an Brot (Liebe) teilen, die er selbst besitzt (Selbstliebe). Das heißt, ich kann jemand anderem (Nächsten) nur in dem Maße wirklich Liebe schenken, wie ich diese in mir habe (Selbstliebe).

Deshalb muss sich zuerst der Zustand der Liebe zu sich selbst einstellen, um dann tatsächlich Nächstenliebe leben zu können. Vielleicht bezieht sich Benedikt XVI. mit seiner starken Betonung der Nächstenliebe eher auf Situationen, in denen wir weniger Probleme mit der eigenen Selbstliebe haben. Wie liebe ich mich der Bibel nach also selbst?

Auf der Suche nach der biblischen Selbstliebe

Jesus gibt der Liebe zu sich selbst den gleichen Stellenwert wie der Nächstenliebe! Er sagt: „[...] Du sollst deinen Nächsten lieben **wie**[46] dich selbst" (Mt 22,39).[47] Mit dem Bild einer Waage gesprochen heißt das, dass die Selbst- und die Nächstenliebe zwei austarierte Gewichte bilden sollen, die auf diese Weise die „Liebes-Waage" ausgleichen. Wie man sich nun selbst liebt, beantwortet Jesus nicht konkret. Warum das so ist, obwohl die Selbstliebe in seinem Denken den gleichen Stellenwert einnimmt wie die Nächstenliebe, kann ich nicht beantworten.

Die Worte des Johannes sind jedoch deutlicher. Er sagt: „Gott ist die Liebe, und wer in der Liebe bleibt, bleibt in Gott, und Gott bleibt in ihm" (1 Joh 4,16b).[48] Das heißt, solange wir uns von Gott als Spender der Liebe nicht entfernen, ist seine Liebe in uns, wodurch wir gar nicht anders können, als uns selbst zu lieben. Außerdem sagt er: „Wer bekennt, dass Jesus der Sohn Gottes ist, in dem bleibt Gott, und er bleibt in Gott" (1 Joh 4,15).[49] Bejahen wir folglich Jesus als Sohn Gottes, dann ist uns Gott gnädig und bleibt als der Kernausdruck der Liebe in uns. Als Folge dessen können wir uns wiederum nur selbst lieben, weil wir von Gott erfüllt sind.

Die Frage ist, wie uns diese Gnade in Verbindung mit dem Bekenntnis zu Jesus zuteilwerden kann. Der evangelische Theologe Dietrich Bonhoeffer würde wohl sagen, dass sie nicht billig zu haben ist. Er spricht von einer solchen Gnade, wenn wir nur uns selbst gegenüber gnädig sind, ohne Jesus nachzufolgen.[50] Ist sie jedoch das Ergebnis unserer Anstrengungen aus der gehorsamen Nachfolge Jesu, spricht Bonhoeffer von teurer, d. h. also echter Gnade, unter der Bedingung, dass wir uns im Bemühen um das Wohlwollen Gottes nicht (insgeheim) vom treuen Dienst an Jesu Werk befreien wollen.[51] Das heißt, wenn unser Handeln nur interessengeleitet darauf ausgerichtet ist, die Gnade Gottes zu bekommen, tritt sie nicht ein. Sie manifestiert sich vielmehr als Ergebnis unseres hingebenden und erwartungslosen Dienstes an die Gebote Jesu, die den Kern der Nachfolge bilden. Wie lauten seine Gebote? Im Evangelium nach Markus heißt es: „Darum sollst du den Herrn, deinen Gott, lieben mit ganzem Herzen und ganzer Seele [...]" (Mk 12,30), und im Evangelium nach Matthäus: „[...] Du sollst deinen Nächsten lieben wie dich selbst" (Mt 22,39).[52] Im Evangelium nach Johannes fügt er ein neues Gebot hinzu: „[...] Liebt einander! Wie ich euch geliebt habe, so sollt auch ihr einander lieben" (Joh 13,34).[53]

Doch wie setzen wir diese Aufforderungen konkret um, damit wir die Gnade Gottes und damit seine Liebe empfangen? Im Paulusbrief an die Galater (Gal 6,2) heißt es, jeder solle die Last des anderen tragen, um das Gesetz Christi (du sollst deinen Nächsten lieben wie dich selbst) zu erfüllen.[54] Das hieße, wenn wir unseren Nächsten stützen und dieser uns ebenfalls hilft, dann entsteht sowohl Nächsten- als auch Selbstliebe. Was ist aber, wenn die von uns geliebten Menschen unsere Last gar nicht tragen wollen oder wir bei der Unterstützung unserer Mitmenschen zusammenzubrechen drohen? Noch zugespitzter formuliert: Wie wollen Sie sich selbst und andere lieben, wenn Sie sich hassen und minderwertig fühlen? Können Sie dann Paulus folgend die Last des anderen tragen und sich selbst lieben? Wie wollen Sie das Gesetz Christi erfüllen, wenn Sie z. B. vergewaltigt wurden und nichts als Scham, Wut, Hass oder panische Angst empfinden? Wie lieben Sie sich in so einem Fall und auch den Täter? Wie wollen Sie sich und Ihre Frau lieben, wenn diese mit einem anderen Mann ein Verhältnis hat und Sie vor Eifersucht nicht mehr wissen, wo oben und unten ist? Wie wollen Sie Ihre Eltern und sich selbst lieben, wenn Sie von ihnen misshandelt oder missbraucht wurden? Wie wollen Sie den Herrn, Ihren Gott, lieben, wenn Sie z. B. wie die biblische Gestalt des Alten Testament Ijob (Das Buch Ijob) einen Schicksalsschlag nach dem anderen erleiden, obwohl Sie ein gottgefälliges Leben führen?[55] Und wie lieben Sie sich, wenn Sie durch die Wucht einer Krankheit den Glauben an die Gnade Gottes verloren haben bzw. keine Gebete und biblischen Ratschläge helfen, obwohl Sie doch immer ein aktiver Christ waren? Bleiben Sie dann der teuren Gnade treu?

Ich möchte trotz dieser provokativen Fragen den Wahrheitsgehalt der in den letzten Abschnitten beschriebenen Gebote und theologischen Thesen nicht grundsätzlich infrage stellen. Nichtsdestotrotz empfinde ich sie für das praktische Leben als zu abstrakt und unkonkret, wenn Menschen einem teilweise harten Schicksal ausgeliefert sind bzw. sich in einer (inneren) Notsituation befinden. Dazu zähle ich auch Situationen, in denen wir bestimmte Aspekte unserer Persönlichkeit auf andere projizieren (müssen), da unsere Psyche enorm herausgefordert ist. Wenn wir in einer solchen Lage in der Liebe Zuflucht und Heilung finden wollen, helfen Thesen und Gebote wohl nur jenen, die sie auf einer Ebene verstanden haben mögen, die sich mir nicht erschließt. Ich jedenfalls denke, wir müssen vielmehr das Wesen der Liebe erkennen, um Selbstliebe als Erfahrung zu erleben und daraufhin anderen geben zu können. Dann fällt es in einem zweiten Schritt leichter, tatsächlich die eigene Situation zu verändern bzw. ein projizierendes Verhalten wieder zu integrieren.

Das Hohelied der Liebe

Sucht man in der Bibel nach den Worten „Liebe" oder „lieben" mit seinen verschiedenen Konjugationsformen, wird man über 400 Mal fündig, doch an kaum einer Stelle steht, was das Wesen der Liebe ist. Im Paulusbrief an die Korinther ist das anders. Dort heißt es im *Hohelied der Liebe*:

> „Die Liebe ist langmütig, die Liebe ist gütig. Sie ereifert sich nicht, sie prahlt nicht, sie bläht sich nicht auf. / Sie handelt nicht ungehörig, sucht nicht ihren Vorteil, lässt sich nicht zum Zorn reizen, trägt das Böse nicht nach. / Sie freut sich nicht über das Unrecht, sondern freut sich an der Wahrheit. / Sie erträgt alles, glaubt alles, hofft alles, hält allem stand" (1 Kor 13,4–7).[56]

Was bedeuten diese Worte im Einzelnen? Wenn die Liebe langmütig ist, dann lieben wir uns selbst und andere, wenn wir sehr *geduldig* mit uns und unseren Mitmenschen umgehen. Da die Liebe bei Paulus außerdem gütig ist, sind wir mit der Liebe verbunden, wenn wir als Ausdruck der Güte *wohlwollend* und *nachsichtig* mit uns und anderen umgehen. Die Liebe ereifert sich zudem nicht. Diese Aussage ins positive Gegenteil gewendet bedeutet wohl, dass wir uns und andere lieben, wenn wir *gelassen* und *zufrieden* bleiben, egal was passiert. Die Liebe prahlt auch nicht und bläht sich nicht auf. Das könnte eigentlich heißen, dass wir uns und andere lieben, wenn wir *bescheiden* bleiben, da bescheiden zu sein das positive Gegenteil von prahlen oder aufblähen ist. Wir sind also *genügsam* mit dem, was wir haben, und auch mit dem, was wir in unserer Bescheidenheit von anderen bekommen. Außerdem stellen wir bei der Verwirklichung dieses Attributes weder hohe Ansprüche an uns selbst noch an andere.

Es gibt noch weitere Möglichkeiten, das jeweils positive Gegenstück in den Aussagen des Paulus zu finden: Wenn die Liebe bei ihm nicht ungehörig ist, dann ist sie nicht frech, respektlos, taktlos und auch nicht verletzend hinsichtlich der gängigen Umgangsregeln. Vielmehr ist sie *respektvoll*, *wertschätzend* und *achtend*. Demnach lieben wir uns und andere, indem wir jeden, inklusive uns selbst, darin respektieren, schätzen und achten, wie wir als Menschen sind. Darüber hinaus sucht die Liebe nicht ihren Vorteil. Sie ist also *uneigennützig*. Wir lieben folglich uns und andere, wenn wir für das, was wir geben, nichts erwarten. Wenn sich die Liebe nicht zum Zorn reizen lässt, dann handelt derjenige liebevoll, der *friedfertig* zu sich und anderen ist. Außerdem trägt die *paulinische Liebe* das Böse nicht nach. Das bedeutet, dass wir mit unseren eigenen Verfehlungen und mit denen anderer *versöhnlich* umgehen. Des Weiteren freut sich die Liebe nicht über Unrecht, sondern freut sich an der Wahrheit. Gemeint ist hier wohl, zu sich selbst und anderen *ehrlich* zu sein und *empfänglich* für alles, was wahr ist. Da die Liebe außerdem auch noch alles erträgt, glaubt, hofft und allem standhält, *nehmen* wir uns und andere jederzeit so *an*, wie wir sind, wenn wir mit der *paulinischen Liebe* verbunden sind.

Wie sieht es mit Ihrer „Liebes-Fähigkeit" im paulinischen Sinne aus? Testen Sie sich jetzt selbst! Jeder der folgenden Aussagen ist ein kursiv gedruckter Aspekt der *paulinischen Liebe* aus den oberen Erläuterungen zugeordnet.

Selbsteinschätzung
zum Thema *paulinische Liebe*

Bitte kreuzen Sie die entsprechenden Zahlen zu den unten stehenden Aussagen spontan an. In den eckigen Klammern finden Sie den jeweils dazu abgefragten Aspekt der paulinischen Liebe.

1. Wenn andere Menschen Dinge nicht so gut beherrschen wie ich, bleibe ich ruhig und erkläre ihnen mehrmals, wie etwas funktioniert.
   [Geduld mit anderen]

   1 2 3 4 5
   (1 = schwach; 5 = extrem stark)

2. Wenn ich etwas Neues lerne, freue ich mich an dem, was ich bereits kann, auch wenn ich nicht sofort große Fortschritte erziele.
   [Geduld mit mir selbst]

   1 2 3 4 5
   (1 = schwach; 5 = extrem stark)

3. Wenn jemand nicht versteht, was ich sagen will, bleibe ich dem anderen gegenüber trotzdem offen und nehme ihn in seinem Unverständnis an.
   [Annahme anderer]

   1 2 3 4 5
   (1 = schwach; 5 = extrem stark)

4. Wenn ich aus der Sicht anderer einen Fehler begangen habe oder an etwas schuld bin, verurteile ich mich nicht, sondern korrigiere den Fehler, wenn ich ihn als solchen erkenne, und/oder übernehme die Schuld für mein Handeln.
   [Annahme meiner selbst]

   1 2 3 4 5
   (1 = schwach; 5 = extrem stark)

5. Wenn etwas später eintrifft, als ich erwartet habe, und die Verantwortung dafür bei anderen Menschen liegt, mache ich ihnen keine Vorwürfe, solange ich durch die Verspätung keinen massiven Schaden zu erwarten habe.
[Nachsicht mit anderen]

1 2 3 4 5
(1 = schwach; 5 = extrem stark)

6. Wenn ich etwas nicht in der Zeit schaffe, in der ich es mir vorgenommen habe, mache ich mir keine Selbstvorwürfe.
[Nachsicht mit mir selbst]

1 2 3 4 5
(1 = schwach; 5 = extrem stark)

7. Wenn ich von anderen Menschen „angemacht" werde, reagiere ich nicht mit Gegenvorwürfen, sondern höre mir an, was der andere wirklich sagen will. Ich versuche ihn zuerst einmal zu verstehen, statt mich sofort zu verteidigen.
[Gelassenheit/Friedfertigkeit anderen gegenüber]

1 2 3 4 5
(1 = schwach; 5 = extrem stark)

8. Wenn ich von anderen unter Druck gesetzt werde, erkenne ich, dass es deren Druck ist, und bleibe gelassen und innerlich ausgeglichen.
[Gelassenheit/Friedfertigkeit mir selbst gegenüber]

1 2 3 4 5
(1 = schwach; 5 = extrem stark)

9. Wenn ich jemandem etwas schenke, bestehe ich nicht darauf, dass er sich bedankt, sondern freue mich, dass ich etwas geben konnte.
[Bescheidenheit/Genügsamkeit anderen gegenüber]

1 2 3 4 5
(1 = schwach; 5 = extrem stark)

10. Wenn mir jemand etwas schenkt, verlange ich nicht insgeheim nach mehr, sondern freue mich an dem, was ich bekommen habe. *[Bescheidenheit/Genügsamkeit mir selbst gegenüber]*

1 2 3 4 5
(1 = schwach; 5 = extrem stark)

11. Wenn ich jemandem helfe, verlange ich keine Gegenhilfe, auch nicht insgeheim. *[Uneigennützigkeit anderen gegenüber]*

1 2 3 4 5
(1 = schwach; 5 = extrem stark)

12. Wenn ich in meiner Freizeit etwas Neues lerne, wie z.B. eine Sportart, tue ich es wegen der Freude am Lernen bzw. am Sport und nicht, weil es meinen sozialen Status aufwerten könnte. *[Uneigennützigkeit mir selbst gegenüber]*

1 2 3 4 5
(1 = schwach; 5 = extrem stark)

13. Ich bleibe in der Regel bei der Wahrheit, auch wenn es manchmal unangenehm ist. Eine Notlüge erlaube ich mir nur dann, wenn ich jemandem anderen mehr schaden würde, als ihm zu nutzen. *[Ehrlichkeit anderen gegenüber]*

1 2 3 4 5
(1 = schwach; 5 = extrem stark)

14. Ich bin mir selbst gegenüber jederzeit gnadenlos ehrlich. *[Ehrlichkeit mir selbst gegenüber]*

1 2 3 4 5
(1 = schwach; 5 = extrem stark)

15. Ich lasse alle Gefühle und Gedanken eines anderen Menschen gelten bzw. relativiere sie z. B. nicht mit einem Satz, der mit *Ja, aber ...* beginnt.
[Empfänglichkeit anderen gegenüber]

1   2   3   4   5
(1 = schwach; 5 = extrem stark)

16. Ich lasse alle meine negativen Gefühle und Gedanken innerlich gelten, egal wie absurd oder heftig sie auch sind.
[Empfänglichkeit mir selbst gegenüber]

1   2   3   4   5
(1 = schwach; 5 = extrem stark)

17. Wenn ich jemanden lobe, dann weil ich es so meine und nicht, weil ich eigentlich selbst gelobt werden will.
[Wertschätzung anderen gegenüber]

1   2   3   4   5
(1 = schwach; 5 = extrem stark)

18. Wenn mich jemand lobt, freue ich mich darüber und bedanke mich dafür, ohne überheblich zu reagieren.
[Wertschätzung mir selbst gegenüber]

1   2   3   4   5
(1 = schwach; 5 = extrem stark)

19. Wenn mir jemand eine Bitte abschlägt oder Nein zu etwas sagt, nehme ich das nicht persönlich, sondern respektiere die Entscheidung.
[Respekt anderen gegenüber]

1   2   3   4   5
(1 = schwach; 5 = extrem stark)

20. Wenn ich etwas absolut nicht kann oder will, respektiere ich das, ohne mir Selbstvorwürfe deswegen zu machen.
[Respekt mir selbst gegenüber]

1 2 3 4 5
(1 = schwach; 5 = extrem stark)

21. Wenn ich jemand anderen bewerten muss und mir nicht sicher bin, entscheide ich mich im Zweifel für die bessere und nicht für die schlechtere Bewertung.
[Wohlwollen mit anderen]

1 2 3 4 5
(1 = schwach; 5 = extrem stark)

22. Wenn ich mich selbst bewerten muss, entscheide ich mich im Zweifel für die Bewertung, die positiver für mich ist.
[Wohlwollen mir selbst gegenüber]

1 2 3 4 5
(1 = schwach; 5 = extrem stark)

23. Wenn mein Gegenüber etwas absolut nicht will, versuche ich nicht, ihn zu meinen Gunsten zu überreden.
[Achtung anderen gegenüber]

1 2 3 4 5
(1 = schwach; 5 = extrem stark)

24. Wenn mich jemand nötigen will, Dinge zu tun, die ich nicht möchte, bleibe ich ganz bei mir und mache alles so, wie ich es für richtig halte.
[Selbstachtung]

1 2 3 4 5
(1 = schwach; 5 = extrem stark)

25. Wenn mich jemand z. B. beleidigt und dadurch verletzt, weise ich ihn zwar in seine Schranken, bin jedoch nach einer gewissen Zeit in der Lage, mich versöhnlich zu zeigen. Das merkt man nicht nur an meinen Worten, sondern auch an meinem positiven Umgang mit diesem Menschen.
[Versöhnlicher Umgang mit anderen]

1   2   3   4   5

(1 = schwach; 5 = extrem stark)

26. Wenn ich gegen meine eigenen Wertvorstellungen, Tugenden, Prinzipien, Regeln etc. gehandelt habe, lasse ich Wut und Groll darüber nicht nur innerlich zu, sondern auch wieder los.
[Versöhnlicher Umgang mit mir selbst]

1   2   3   4   5

(1 = schwach; 5 = extrem stark)

27. Ich verlange von anderen nicht, anders zu sein, als sie sind.
[Zufriedenheit mit anderen]

1   2   3   4   5

(1 = schwach; 5 = extrem stark)

28) Ich bin mit mir zufrieden, so wie ich bin.
[Zufriedenheit mit mir selbst]

1   2   3   4   5

(1 = schwach; 5 = extrem stark)

Auswertung: Tragen Sie in der Tabelle Ihre jeweils erreichten Punkte zu den 28 Fragen ein.

Aspekte		Nächstenliebe	Selbstliebe
1) Geduld mit anderen	2) Geduld mit mir selbst	1)	2)
3) Annahme anderer	4) Annahme meiner selbst	3)	4)
5) Nachsicht mit anderen	6) Nachsicht mit mir selbst	5)	6)
7) Gelassenheit/ Friedfertigkeit anderen gegenüber	8) Gelassenheit/ Friedfertigkeit mir selbst gegenüber	7)	8)
9) Bescheidenheit/ Genügsamkeit anderen gegenüber	10) Bescheidenheit/ Genügsamkeit mir selbst gegenüber	9)	10)
11) Uneigennützigkeit anderen gegenüber	12) Uneigennützigkeit mir selbst gegenüber	11)	12)
13) Ehrlichkeit mit anderen	14) Ehrlichkeit mir selbst gegenüber	13)	14)
15) Empfänglichkeit anderen gegenüber	16) Empfänglichkeit mir selbst gegenüber	15)	16)
17) Wertschätzung anderen gegenüber	18) Wertschätzung mir selbst gegenüber	17)	18)
19) Respekt anderen gegenüber	20) Respekt mir selbst gegenüber	19)	20)
21) Wohlwollen mit anderen	22) Wohlwollen mit mir selbst	21)	22)
23) Achtung anderen gegenüber	24) Selbstachtung	23)	24)
25) Versöhnlicher Umgang mit anderen	26) Versöhnlicher Umgang mit mir selbst	25)	26)
27) Zufriedenheit mit anderen	28) Zufriedenheit mit mir selbst	27)	28)
	Erreichte Punkte:	_____/70	_____/70

Und, wie haben Sie abgeschnitten? Falls Sie nur wenige Punkte erreicht haben, können Sie in Kapitel 5 aktiv mit den entsprechenden Übungen an sich arbeiten. Beantworten Sie die 28 Fragen nach ca. sechs Wochen Übungszeit erneut. Vielleicht erreichen Sie dann sowohl bei der Selbst- als auch bei der Nächstenliebe eine höhere Punktzahl. Das wäre ein Indikator dafür, dass Sie sich nun nicht nur selbst mehr lieben, sondern auch auf dem Weg sind, selbst konstruierte Feindbilder abzubauen. Denn wer seinen Nächsten bzw. Mitmenschen liebt, sieht ihn natürlich gleichzeitig nicht mehr als Feind. Prüfen Sie außerdem, ob Ihre Werte bei der Selbst- und Nächstenliebe pro Frage jeweils ähnlich sind. Nach meinem Dafürhalten dürften diese nicht wirklich unterschiedlich sein, weil wir nur so viel Liebe geben können (Nächstenliebe), wie wir selbst in uns haben (Selbstliebe).

Selbstliebe im Lichte der Evangelien

Das *Hohelied der Liebe* stellt auf den ersten Blick sehr hohe Ansprüche an diejenigen, die mehr Liebe sich selbst und anderen gegenüber verwirklichen wollen. Das kann jedoch leicht missverstanden werden. Wenn es im Hohelied z. B. heißt, dass die Liebe alles „erträgt" bzw. annimmt, könnte nämlich leicht der Eindruck entstehen, man solle sich völlig aufgeben oder vielleicht sogar noch Gewaltanwendung tolerieren – bis hin zum eigenen Tod. Das ist jedoch mit dem Gebot Jesu, sich selbst genauso zu lieben wie den Nächsten, unvereinbar. Um nun die *paulinische Liebe* differenziert und im Lichte von Jesu Worten zu verstehen, macht es Sinn, sich einige seiner Aussagen zu vergegenwärtigen, die für ein stimmiges Leben wichtig sind.

Im Rahmen der Selbstliebe müssen natürlich die eigenen Grenzen gewahrt werden, notfalls mithilfe Dritter. Jesus bestätigt diese These im Evangelium nach Matthäus (Mt 21,12-14), als er Händler und Käufer, die durch ihre Geschäfte den Tempel entweihen, klar in die Schranken weist und von dort vertreibt.[57] Sie hatten offensichtlich seine Grenze überschritten, weil für ihn der Tempel der Ort des Gebets war und deshalb für Geschäfte ungeeignet. Es ist demnach neutestamentlich durchaus legitim, seine Grenzen deutlich zu vertreten. Außerdem werden wir wohl kaum überleben, wenn wir nur alles passiv annehmen bzw. Paulus' Wort nach „ertragen", anstelle aktiv unser Leben zu leben. Jesus bestätigt diese These im *Gleichnis vom anvertrauten Geld* (Mt 25,14-30). Er spricht dort über drei Diener, die von ihrem Herrn Silbergeld erhalten, das als Symbol für deren Talente steht. Der erste Diener, der am meisten Silbergeld (Talente) bekommt, fängt sofort an, mit diesem zu arbeiten, und gewinnt dieselbe Summe hinzu. Ebenso verhält es sich beim zweiten Diener, der zwei Talente bekommt. Ein letzter Diener, der nur eine Münze erhält, vergräbt sie, d.h., er lebt sein Talent nicht. Später, als der Herr zurückkommt, belohnt er die ersten beiden Diener, den letzten aber bezeichnet er als schlechten Knecht, weil er aus Angst nichts mit seinem Talent angefangen hat. Zur Strafe wird ihm die Münze nicht nur weggenommen, sondern sein Herr verbannt ihn in die äußerste Dunkelheit.[58]

Jesus befürwortet folglich, die eigenen Fähigkeiten aktiv zu nutzen und blockierende Ängste zu überwinden, um durch sie gestaltend etwas hervorzubringen. In der Bergpredigt verdeutlicht Jesus diesen Standpunkt weiter. In den Versen *Vom Salz der Erde und vom Licht der Welt* (Mt 5,13-16) weist er die Zuhörer darauf hin, wer sie aus seiner Sicht sind und welche Aufgabe ihnen im Leben zukommt. Er sagt, sie seien „das Licht der Welt", bevor er ihnen aufträgt: „So soll euer Licht vor den Menschen leuchten, damit sie eure guten Werke sehen und euren Vater im Himmel preisen."[59] Wenn wir also unser Leben aktiv gestalten und Positives mit unseren Fähigkeiten bewirken, können andere das, was wir geschaffen haben, als Vorbild und Weg sehen, Gott zu dienen. Auf diese Weise „leuchten wir als Licht" für andere.

Ist also die *paulinische Liebe* als alles „ertragende" Liebe Quatsch? Nein. Sie bezieht sich vielmehr auf unsere innere Gefühls- und Gedankenwelt. Das heißt, während wir z.B. unsere Talente produktiv nutzen – oder auch zwischendurch an ihnen scheitern –, bedarf es alle auftauchenden Gefühle und Gedanken innerlich zuzulassen und anzunehmen. Dasselbe gilt, wenn wir z.B. zum Ausdruck unserer Grenzen zu etwas Nein sagen. Wir widmen uns also unseren Gefühlen und Gedanken mit einer offenen und empfänglichen inneren Haltung, ohne jedoch aufzuhören, aktiv zu leben. Auf diese Weise lassen sich die *paulinische Liebe* und die Worte Jesu sinnvoll miteinander verbinden.

In einer von mir etwas abgewandelten buddhistischen Geschichte wird ein passendes Bild dafür entworfen, wie viel Geduld, Bescheidenheit und Nachsicht als Ausdruck der *paulinischen Liebe* es im täglichen Leben erfordert, um negative Gefühle und Gedanken tatsächlich annehmen zu können und damit auch projizierendes Verhalten zu integrieren:

Ein Mann findet eines Morgens eine ganze Ladung Mist vor seiner Haustür, ohne zu wissen, von wem er stammt. Das Spektakel wiederholt sich immer wieder, sodass der Arme manchmal nicht mehr weiß, wie er aus dem Haus kommen soll. Letztendlich bleibt ihm nichts anderes übrig, als den Mist jedes Mal Schubkarre für Schubkarre hinter sein Haus zu transportieren. Anfänglich beschwert er sich natürlich, kann aber den Schuldigen nie erwischen, und als er eines Tages wieder ein paar Schubkarren voll Mist hinter das Haus bringt, fällt ihm auf, dass in der Nähe des Misthaufens inzwischen die schönsten Blumen wachsen. Von da an macht er die Arbeit – obwohl sie immer noch mühsam ist – mit immer mehr Freude, weil er weiß, dass hinter seinem Haus ein schöner Blumengarten entsteht.[60] Natürlich stinkt der Mist immer noch, aber trotzdem ist durch seine düngenden Eigenschaften etwas Positives entstanden.

Der Unrat steht aus meiner Sicht symbolisch für all das, was wir in unserem Leben innerlich nicht akzeptieren können. Es sind Persönlichkeitsanteile, die wir lieber an anderen kritisieren und auf sie projizieren. Wenn wir uns doch irgendwann dafür entscheiden, uns diesen abgelehnten Identitätsaspekten, Gedanken und Gefühlen zu widmen, schaffen wir es sicher nicht von heute auf morgen, alles wieder in uns zuzulassen. Wir müssen, wie in der Geschichte gezeigt, immer wieder einen Teil unseres „persönlichen Mists" bearbeiten, und zwar Schubkarre für Schubkarre. Das heißt, der Selbstliebeprozess und auch der Abbau von Feindbildern funktioniert nicht sprunghaft, sondern in kleinen Schritten. Bildlich gesprochen können schöne Blumen nur langsam neben unserem „inneren Misthaufen" wachsen. Kümmern wir uns aber gar nicht um ihn, wird er „vor unserem Haus" immer größer, sodass wir an seinem Gestank irgendwann ersticken bzw. uns selbst hassen und innerlich immer weiter zerfleischen.

Zusammenfassung des Kapitels

Liebe ist ein vielschichtiges Wort. In der griechischen Antike gibt es gleich mehrere Ausdrücke für unterschiedliche Formen der Liebe. Die wichtigsten davon sind *eros, philia* und *agape* bzw. *agapan.* Im christlichen Kontext versteht man die Liebe in erster Linie als *agape*, die wiederum durch die Liebe des Alten Testaments (*ahaba*) mit Bedeutung aufgeladen ist. Gängige theologische Thesen und die Bibel des Neuen Testaments beschreiben, wie man Liebe ausdrücken soll: indem man nach bestimmten Prinzipien oder Geboten lebt und handelt. Im Vordergrund steht dabei die Nächsten- und Gottesliebe, aber nicht die Selbstliebe, obwohl sie Jesus *(Liebe deinen Nächsten wie dich selbst)* der Nächstenliebe gleichstellt. Warum sich von Jesus in der Bibel keine direkten Aussagen zur Selbstliebe finden, bleibt offen. Deshalb kann aus seinem Mund nicht geklärt werden, wie jemand ist, der sich selbst liebt.

Paulus hingegen geht im *Hohelied der Liebe* auf das Wesen der (Selbst-)Liebe ein. Dadurch können wir verstehen, welche Eigenschaften im paulinischen Sinne verwirklicht sein sollten, um sich selbst und dann andere zu lieben sowie projizierendes Verhalten wieder zu integrieren. Dazu zählen z.b. Geduld, Bescheidenheit, Gelassenheit, Empfänglichkeit, Zufriedenheit, Friedfertigkeit oder das Annehmen von sich selbst und anderen. Damit diese Liebe nicht zur Selbstaufgabe führt, ist es wichtig, sie mit zentralen Aspekten des Denkens Jesu in Verbindung zu setzen. Im Evangelium nach Matthäus zeigt er auf, dass das Setzen von Grenzen genauso elementar für ein stimmiges Leben ist, wie die eigenen Talente zu leben und sein Leben aktiv zu gestalten. Insofern beziehen sich Paulus' Worte im *Hohelied der Liebe* vielmehr auf die innere Gefühls- und Gedankenwelt, bei der eine annehmende bzw. empfängliche Haltung wichtig ist.

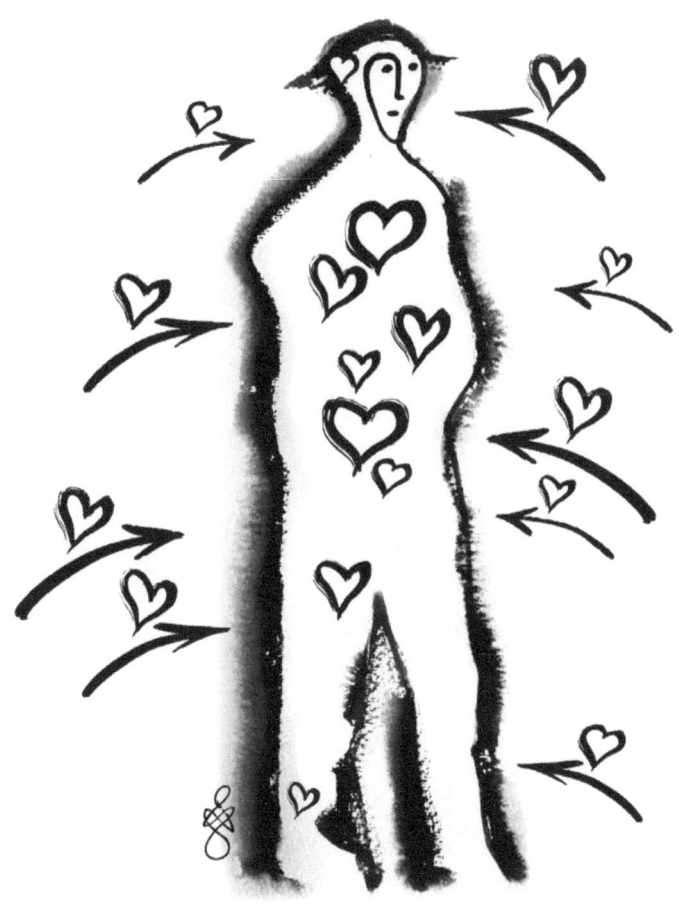

Wie können wir das Liebesverständnis des Paulus und die Aussagen Jesu nun konkret in die Tat umsetzen und damit unsere projizierten *inneren Feinde* in einem Selbstliebeprozess wieder integrieren?

3. Achtsamkeit im Osten und im Westen und *agape*

Über Gefühle und Gedanken zu reden ist Theorie. Sie im Körper zu spüren ist wortlose Wahrheit. Über Klarheit zu reden ist, wie in der Dunkelheit umherzuirren. Sie in der Stille zu erleben ist wie helles Licht.

Zentrale Aspekte der Achtsamkeit

Achtsamkeit ist in den letzten Jahren zu einem Modewort geworden. Jedoch gibt es keine allumfassende Definition, um sie abschließend beschreiben zu können. Achtsamkeit ist wie die Meditation ein Zustand, der zwar als Ganzes erlebt werden kann, aber es ist nicht möglich, diesen vollständig mit Worten auszudrücken. Trotzdem wird in der einschlägigen Literatur versucht, dem Wesen eines achtsamen Verhaltens begrifflich näherzukommen. Eine bekannte Definition ist die von Jon Kabat-Zinn, der Achtsamkeit als Bewusstheit versteht, „die sich durch gerichtete, nicht wertende Aufmerksamkeit im gegenwärtigen Augenblick einstellt".[61]

Daraus lassen sich mehrere Dinge ableiten. Wenn wir achtsam sind, befinden wir uns mit unserer Wahrnehmung im Hier und Jetzt. Wir denken weder an die Zukunft noch an die Vergangenheit, sondern lenken unsere fokussierte Aufmerksamkeit auf die Dinge, die wir gerade tun, wie z. B. auf unsere Hände, während wir am Computer einen Text schreiben. Dabei ist es wichtig, nicht analysieren zu wollen, warum sich z. B. die Hände beim Tippen auf eine bestimmte Art und Weise bewegen oder warum man nicht alle Finger in das Tippen miteinbeziehen kann.

Das heißt, der willentliche und gerichtete Denkprozess ist beim Thema Achtsamkeit nicht gefragt. Wir schauen vielmehr das, was passiert, so an, als ob wir durch das Objektiv einer Kamera blicken würden. Während wir das tun, sehen, schmecken, riechen, hören und fühlen wir zwar alles und nehmen am Leben teil, jedoch bewerten wir davon nichts und hinterfragen es auch nicht. Wir nehmen außerdem unser Erleben der Dinge – unsere Gefühle, Gedanken und körperlichen Empfindungen – lediglich von Moment zu Moment wahr und lassen sie, als beobachtender Zeuge, so gelten, wie sie sind. Schaffen wir es schließlich, alles, was wir wahrnehmen und erleben, ohne Wertung (innerlich) anzuschauen, befinden wir uns in einem Zustand klarer, aufmerksamer, bewertungsloser Wachheit, die als Achtsamkeit bezeichnet werden kann.[62] Anfänglich gelingt das wahrscheinlich nur für Momente. Mit zunehmender Praxis können die Phasen der Achtsamkeit jedoch ausgedehnt werden, wodurch wir liebevoller im paulinischen Sinne werden. Wie geht dieser Umwandlungsprozess vor sich?

Agape und Achtsamkeit

Die Praxis der Achtsamkeit und Paulus' Liebesverständnis sind eng miteinander verwoben. Wenn wir unseren Blick ganz fokussiert und ohne konkrete Absicht auf das richten, was im Hier und Jetzt passiert, bleibt uns im paulinischen Sinne nichts anderes übrig, als uns mit dem, was ist, zu *begnügen* und *geduldig* der Dinge zu harren. Das heißt, indem wir uns in der Achtsamkeitspraxis auf den jetzigen Moment ausrichten und diesen als Zeuge und ohne Bewertung wahrnehmen, entwickeln wir viel Ausdauer (Geduld), die Wirklichkeit so anzunehmen, wie sie ist. Dabei reicht uns völlig aus, was wir in diesen Momenten erleben (Genügsamkeit), weil Achtsamkeit keine Forderungen an nichts und niemanden stellt. Da wir auf diesem Weg weniger Dinge „von außen" brauchen, werden wir schließlich auch *zufriedener*. Alle drei Aspekte sind charakteristisch für die *paulinische Liebe*.

Während wir Achtsamkeit praktizieren, gibt es auch kein Begehren nach Vergangenem oder Zukünftigem, sondern jeder Moment reicht aus, wie er ist. Wir werden also zunehmend *bescheidener*. Zudem wird jede emotionale Aufregung oder Verwirrung etc. – ohne eine gerichtete bzw. willentlich gesteuerte (körperliche) Reaktion – „nur" als emotional-gedankliche Erfahrung wahrgenommen. Wir werden folglich *gelassener* bei allem, was passiert. Außerdem ist beim achtsamen Wahrnehmen jeder Moment für uns gleich wertvoll. Es ist ein wahrhaft ganzheitlicher Zustand, der innerlich alles mit offenen Armen zulässt bzw. mit einem „Ja" begrüßt. Insofern stehen wir in der Achtsamkeit jedem Moment *empfänglich* sowie *wohlwollend* gegenüber und *schätzen* ihn in seiner Einzigartigkeit. In dieser vollständigen Offenheit wächst eine radikale *Ehrlichkeit* mit all dem, was an Gefühlen und Gedanken auftaucht.

Achtsames Verhalten fördert also die Entstehung weiterer wesentlicher Aspekte der *paulinischen Liebe* in uns, wie z. B. Geduld, Empfänglichkeit, Wertschätzung, Bescheidenheit, Gelassenheit, Wohlwollen und Ehrlichkeit. Sind wir speziell körperlich achtsam, richten wir unsere Aufmerksamkeit von Moment zu Moment auf den Körper und beobachten wie ein Zeuge verschiedene Körperstellen. Das heißt, wir wehren in dieser Zeit die dabei aufkommenden negativen Gefühle, Gedanken und körperlichen Empfindungen nicht ab, sondern heißen sie *respektvoll* als unsere Gäste willkommen. Sie dürfen, während wir Achtsamkeit üben, so lange bleiben und so sein, wie sie wollen. Wir *geben* ihnen also innerlich Atemzug für Atemzug ganz *nach* und *achten* sie als etwas Einzigartiges, wodurch wir sie schließlich *versöhnlich annehmen* und mit ihnen in *Frieden* kommen können.

Da Respekt, Achtung, Nachgiebigkeit, eine annehmende und versöhnende Haltung sowie Friedfertigkeit ebenso Merkmale der *paulinischen Liebe* sind, fördert die regelmäßige Übung der Achtsamkeit auch in diesen Aspekten die Entstehung der Liebe, wie sie im Hohelied zu finden ist. Insgesamt bringt auf diesem Weg (körperliche) Achtsamkeit also die einzelnen Aspekte der *paulinischen Liebe* hervor, mit denen wir unsere negativen Gefühle und Gedanken, die bei *inneren Feinden* und projizierendem Verhalten auftreten, annehmen lernen. In der Folge integrieren wir durch diese Liebe unsere nicht akzeptierten bzw. projizierten Persönlichkeitsanteile, d.h., wir bauen unsere selbst konstruierten Feindbilder, die wir uns von anderen gemacht haben, ab und lösen unsere *inneren Feinde* schließlich auf.

Es gibt eine spezielle buddhistische Achtsamkeitstechnik, mit der man negative Gefühle und Gedanken am Körper beobachten lernen kann. Ziel dieser Methode ist es, sich von emotional-gedanklichen Negativ-Zuständen dauerhaft zu befreien. Ich verstehe sie jedoch vielmehr als Methode, um sich in der Annahme von negativen Gefühlen und Gedanken im paulinischen Sinne mehr selbst zu lieben bzw. projizierendes Verhalten wieder zu integrieren. Sie nennt sich Vipassana-Meditation und ihr zentraler Bestandteil ist die Übung der körperlichen Achtsamkeit.

Buddhistische Vipassana-Meditation

Ursprünglich wird die „Erfindung" der Vipassana-Meditation Gautama Buddha zugeschrieben. In der Pali-Sprache, die zur Zeit des historischen Buddhas in Nordindien als geschriebene Sprache verbreitet war, bedeutet Vipassana u. a. *Einsicht* und *Selbstbeobachtung*.[63] Die Übersetzung von Vipassana ist für die gleichnamige Meditation sehr zutreffend, denn wer Vipassana-Meditation übt, beobachtet sich im Wesentlichen selbst und gewinnt dadurch tiefere Einsichten in die Wirklichkeit. S. N. Goenka, einer der prominentesten Vertreter dieser spirituellen Technik, interpretiert Vipassana so, dass beim Meditieren der von Negativität belastete Geist nach und nach von seinen Unreinheiten befreit wird, bis man zur letzten Wahrheit, der Befreiung von allen Leiden, gelangt.[64]

Diese Freiheit des Bewusstseins stelle ich mir wie einen stillen und klaren See vor, der aber immer wieder von negativen Gefühlen und Gedanken eingetrübt wird. Vipassana gibt „Werkzeuge" an die Hand, um im See die Klarheit und die Ruhe wiederherzustellen. Nach S. N. Goenka gehören dazu mehrere Schritte. Nachdem sich der Übende zunächst vorgenommen hat, jedwede Handlung zu vermeiden, die den Frieden anderer negativ beinträchtigen könnte, lernt er im zweiten Schritt, seinen Geist mithilfe des Atems zu beherrschen. Dazu richtet er seine Aufmerksamkeit auf den Atem, ohne diesen beeinflussen zu wollen. Die kontinuierliche und konzentrierte Beobachtung des natürlichen Atemflusses ist dabei wichtig. In diesem Zusammenhang bemerkt der Übende, dass sich jede emotionale Regung und jeder Gedanke im Atem und im Körper über verschiedenste Empfindungen bemerkbar machen. Bei negativen Gefühlen und Gedanken wird beispielsweise die Atmung unruhig.[65] So bildet der Körper den Zustand des Geistes ab. Der dritte Schritt besteht schließlich in der konkreten Läuterung der Negativität des Geistes.[66] Dafür tastet der Übende den Körper systematisch mit seiner Aufmerksamkeit ab und konzentriert sich dabei auf seine körperlichen Empfindungen. Wenn er jedoch merkt, dass sehr starke negative Gedanken und Gefühle auftauchen und deshalb die dazu passenden körperlichen Empfindungen nicht mehr nur als Zeuge angeschaut werden können, kehrt er zur Beobachtung des Atems zurück, damit das Aufgewühltsein wieder abklingen kann.[67] Dieser letzte Teil der Vipassana-Meditation besteht folglich darin, sich aller geistig-emotionalen Prozesse, die zwischen Körper und Geist ablaufen, gewahr zu werden, ohne eine Veränderung der dabei spürbaren körperlichen Empfindungen herbeiführen zu wollen. Den Vipassana-Buddhisten zufolge kann man sich so nach und nach von negativen Gefühlen und Gedanken befreien.

Die dauerhafte Arbeit mit der Vipassana-Meditation führt nach buddhistischer Vorstellung außerdem zu drei tieferen Einsichten. Indem der Meditierende sich immer klarer darüber wird, dass die Gedanken im Geist und die Empfindungen im Körper einem ständigen Wandel unterliegen, kommt er zur ersten Einsicht, nämlich dass das ganze Leben unbeständig ist und wir vergänglich sind. In dieser Wahrnehmung des ständigen Werdens und Vergehens von geistig-körperlichen Prozessen versteht der Übende noch etwas. Er sieht ein, dass sogar sein eigenes Ich – das Ego bzw. das, was er als *mein* und *dein* definiert – in der anfänglich geglaubten Festigkeit so nicht existiert. Vielmehr ist die Beständigkeit des Ichs eine Illusion, die sich aus geistig-körperlichen Prozessen speist. Durchschaut man dies zunehmend, löst sich letztlich die Annahme auf, einen festen Ich-Kern zu besitzen, was als zweite Einsicht verstanden werden kann. Damit wird dem Praktizierenden etwas Elementares klar. Er versteht, dass jedes Anhaften an den Dingen unglücklich macht bzw. Leiden verursacht, weil alles vergänglich ist.[68]

In der yogischen Tradition gibt es eine Methode, die der Vipassana-Technik ähnelt. Sie nennt sich Sakshi-Bhava-Meditation. *Saksin* heißt *Zeuge* und *bhava* bedeutet u.a. *Zustand, Gemüt, Gesinnung*.[69] In der Übung dieser Meditationsform geht es somit darum, im Zustand eines nicht-wertenden Beobachters zu verharren, indem der Achtsame z.B. auftretende Gefühle und Gedanken abstrakt benennt, sobald sie auftreten. Was heißt das? Zeigt sich während der Meditation z.B. Wut, wird sie nicht als solche bezeichnet, sondern als abstraktes und lokales Gefühl in der betroffenen Körperregion beschrieben, wie z.B. *Gefühl im Bauch*, ohne ihr jedoch weiter Aufmerksamkeit zu schenken.

Klarstellungen zum Thema (körperorientierte) Achtsamkeit bzw. Vipassana-Meditation

Erste Klarstellung

Die bisherige Darstellung zur (körperorientierten) Achtsamkeit bzw. Vipassana sollte Ihnen lediglich Einblicke geben, wie diese als Übungsform funktioniert. Das heißt aber nicht, dass Sie, wenn Sie sich für eine achtsame Lebensweise entscheiden, 24 Stunden Achtsamkeit üben müssen. Jedoch können Sie in Alltagssituationen wohl kaum achtsam auf Ihre Gefühle und Gedanken reagieren, wenn Sie das nicht allein und „ohne Publikum" in der Achtsamkeitsmeditation regelmäßig geübt haben. So können Sie in einer solchen meditativen Übung z.B. vergangene Situationen, die Sie gedanklich-emotional (stark) herausgefordert haben, bewusst innerlich immer wieder aufrufen und dann Ihre körperlichen Empfindungen zu Ihren Gefühlen und Gedanken achtsam beobachten.

Ein Beispiel soll verdeutlichen, wie Sie mit der körperorientierten Achtsamkeit im täglichen Leben arbeiten können und wie sich Ihr Leben dadurch verändert. Angenommen Sie sind auf Ihren Vorgesetzten sehr wütend, weil nicht Sie befördert wurden, sondern ein Kollege. Abends, wenn Sie allein sind, erinnern Sie sich an diesen Moment, als Ihr Chef Ihnen sagte, dass Sie die neue Stelle nicht bekommen. Doch statt weiter an das Gespräch mit Ihrem Chef zu denken, richten Sie jetzt Ihre Aufmerksamkeit auf Ihren Atem und bemerken, dass er bereits unruhig geworden ist. Er ist das Frühwarnsignal dafür, dass Sie eigentlich wütend sind bzw. diese Wut gleich wieder wahrnehmen werden. Nachdem Sie dann Ihre (etwas abgeschwächte) Wut im Körper lokalisiert haben, spüren Sie ihr nach und lassen sie an den entsprechenden Körperstellen als körperliche Empfindungen so lange zu, bis die Wut und die Körpergefühle wieder weggehen. Ihre zur Wut passenden körperlichen Regungen können während dieser Zeit Empfindungen des Drucks, ein Aufgeblähtsein, ein Ziehen etc. sein. Wie diese Abläufe ganz praktisch funktionieren, lernen Sie in Kapitel 5 kennen.

Da es nach der Vipassana-Theorie möglich ist, sich von belastenden Gefühlen und Gedanken zu befreien, reagieren Sie, sofern Sie regelmäßig Achtsamkeitsmeditation geübt haben, in zukünftigen „Wut-Situationen", in denen es um Beförderungen oder Vorgesetzte geht, vielleicht weniger verärgert. Vielleicht sind Sie sogar besonnener, treten sicherer auf und sind klarer im Kopf, wenn Sie beim nächsten Mal wieder auf Ihren Chef treffen.

Zweite Klarstellung

Mit der Idee, die eigenen negativen Gefühle und Gedanken am Körper achtsam anzunehmen, will ich nicht sagen, dass es falsch ist, sich mit aller Deutlichkeit abzugrenzen und zu schützen, wenn es notwendig erscheint. Es heißt auch nicht, im Alltag keine Wut mehr zu zeigen oder nicht mehr zu sagen, was einem nicht gefällt. Vielmehr dient die Achtsamkeitsmeditation dazu, sich der eigenen Wut, Angst, Traurigkeit etc. so sehr bewusst zu werden, dass diese Gefühle im täglichen Leben schnell im Körper identifiziert und angenommen werden können. Dann werden sie auch nicht mehr blind ausagiert bzw. fühlt man sich ihnen nicht mehr ausgeliefert. Dasselbe gilt für negative Gedanken. Es ist also entscheidend, eine achtsame innere Haltung zu entwickeln, mit der man sich z. B. klar abzugrenzen oder zu schützen vermag, aber in vollem Bewusstsein darüber, was dabei innerlich passiert. Das ist etwas ganz anderes, als (verbal) aggressiv oder gar handgreiflich zu werden, wenn einem etwas nicht passt. Wie das geht, lernen Sie in Kapitel 5.

Exkurs: Aggression/Gewalt im Christentum

Manche Christen erachten ein aggressives oder gar gewalttätiges Verhalten dennoch als richtige Verhaltensweise. Warum? Als Rechtfertigung nehmen sie gern die Bibelstelle der *Tempelreinigung* (Mt 21,12-13) zur Hand, wo Jesus den Tempel von Händlern und Käufern befreit, in-

dem er die Habseligkeiten der Geldwechsler und Taubenhändler um-
wirft und sie alle mit dem Hinweis des Tempels verweist, sie würden
aus ihm eine Räuberhöhle machen.[70] Im Evangelium nach Johannes
wird die Szene noch drastischer dargestellt. Hier treibt Jesus die Gewer-
betreibenden sogar mit einer Geißel aus dem Tempel hinaus (Joh 2,13-
16).[71] In beiden Bibelstellen ist jedoch weder von einem explizit wütenden Jesus die Rede, noch dass er wirklich aggressiv-gewalttätig war bzw.
handgreiflich wurde. Im Gegenteil. Natürlich setzt Jesus klare Grenzen
und protestiert deutlich gegen das Verhalten der Händler, aber er verletzt niemanden. Vielmehr heilt er direkt danach Blinde und Lahme
von ihren Leiden (Mt 21,14).[72]

Wäre Jesus tatsächlich aggressiv-gewalttätig gewesen, hätten ihn
sehr wahrscheinlich die anwesenden Tempelwachen verhaftet. Im
Evangelium nach Lukas wird ausdrücklich auf deren Existenz verwiesen
(Luk 22,52).[73] Und da zu jener Zeit Palästina unter römischer Besatzung
stand, ist Martin Stowasser zufolge zudem eine römische Garnison im
Tempel anwesend gewesen.[74] Insofern rückt ein aggressiv-gewalttätiges
Handeln Jesu ins Unwahrscheinliche. Es darf zudem in Betracht gezogen werden, dass die Bibel die damalige Realität nicht eins zu eins ab-
bildete, sondern symbolisch zu verstehen ist. Man könnte deshalb das
besagte Auftreten Jesu im Tempel als Parabel sehen. Vielleicht meint er,
dass das, was einem persönlich wichtig oder heilig ist, mit Nachdruck
geschützt werden soll bzw. darf, wenn es in Gefahr ist. Oder glauben
Sie, er hätte sein Anliegen durchsetzen können, wenn er die etablier-
ten Händler und Geldwechsler nur höflich gebeten hätte, ihre Stände
und Tische wegzuräumen? Wahrscheinlich wäre er damit genauso weit
gekommen wie eine Mutter, die ihr internetsüchtiges Kind wiederholt
bittet, sein Tablet wegzulegen, ohne dass es reagiert. Manchmal braucht
es nun mal ein Auftreten mit aller Deutlichkeit, um die eigenen Interessen und Grenzen zu wahren oder jemanden/etwas zu schützen.

Dritte Klarstellung

Des Weiteren könnte durch die Ausführungen zur Vipassana-Technik
der Eindruck entstanden sein, Sie sollen möglichst bald Ihr Ich und
alle „Mein-Dein"-Kategorien auflösen, weil es den Buddhisten zufolge

ohnehin kein beständiges Ich gibt. Das klingt beim ersten Lesen wahrscheinlich befremdlich. Für mich bedeutet das eher, nicht überall sein Ego durchsetzen zu wollen, sondern sich mehr und mehr auf Aspekte einzulassen, die uns mit anderen Menschen verbinden, statt den eigenen Blick ständig nur auf unsere individuelle Andersartigkeit zu richten. Und natürlich kann es im praktischen Leben durchaus Sinn machen, klar zu sagen, was einem gehört. Dies nicht zu tun verstehe ich als Ausdruck von mangelndem Selbstwert oder falscher Bescheidenheit. Je mehr wir jedoch Achtsamkeit üben, nehmen unsere unnatürlichen „Mein-Dein"-Kategorien mit der Zeit ab, weil die fokussierte Achtsamkeit auf negative Gefühle und Gedanken starres Schubladen-Denken aufbricht. Im Ergebnis steht mehr das Teilen von Dingen im Vordergrund, als auf den eigenen Besitz zu beharren.

Vierte Klarstellung

Wenn es bei der Achtsamkeit darum geht, im Hier und Jetzt präsent zu sein, könnte man meinen, es sei am besten, gar nichts mehr zu denken oder zu analysieren und sich auch nicht mehr gedanklich auf die Zukunft auszurichten. Das ist einerseits richtig. Es ist jedoch wichtig, zwischen der konkreten Übung der Achtsamkeit und dem eigenen Handeln im alltäglichen Leben zu unterscheiden. Wenn Sie gerade konkret Achtsamkeit üben, würde jegliches gerichtete Nachdenken über das Leben oder das, was heute zu tun ist, die achtsame Haltung tatsächlich zerstören. Jedoch bedeutet das nicht, grundsätzlich damit aufzuhören, über das Leben nachzudenken oder die gedankliche Tagesorganisation ruhen zu lassen, sondern nur in den Phasen, in denen Sie sich in einer konkreten Achtsamkeitsübung befinden. In dieser Zeit sollten Sie Ihre Gefühle und Gedanken, die körperliche Auswirkungen haben, nur beobachten – im Idealfall ohne Bewertung – und sich möglichst nicht mit dem beschäftigen, was Sie in der Zukunft noch zu tun haben. Wenn Ihre Gedanken- und Gefühlsspiralen Sie im Alltag aber nicht mehr loslassen, ist Achtsamkeit zudem ein passendes Mittel, um aus dem Hamsterrad der Gefühle und Gedanken auszusteigen.

Für jemanden, der nicht meditiert oder diese Gedankengänge zum ersten Mal liest, könnten die Erläuterungen zur Achtsamkeit zunächst abstrakt erscheinen oder als ob sie nur für Mönche in abgelegenen Klöstern Indiens geeignet wären. Dennoch ist es ohne wirkliche Meditationserfahrung möglich, Variationen aus den gezeigten spirituellen Praktiken in die eigene westliche Alltagswelt zu integrieren. Das zeigen verschiedene praktische Ansätze, die sich im Westen bereits etabliert haben.

Achtsamkeit im Westen

Die US-amerikanische Buddhistin und Ärztin Jan Chozen Bays hat 53 Übungen zusammengestellt, mit denen im Alltag ohne viel Aufwand Achtsamkeit geübt werden kann. Indem man diese zumeist einfachen Übungen durchführt – wie z.B. die eigenen Hände beim Händewaschen zu beobachten –, kann man zunehmend achtsamer werden. Damit das auch tatsächlich funktioniert, ist es wichtig, jedes Mal, wenn nach Ablauf einer Woche eine neue Übung hinzukommt, die alte nicht einfach wegzulassen, sondern diese weiterhin zu praktizieren. Der Lerneffekt ist also nach dem Prinzip „Malen nach Zahlen" gradueller Natur, da durch immer mehr Übung in unterschiedlichen Situationen der Grad der Achtsamkeit insgesamt zunimmt. Es entsteht auf diese Weise ein immer klarer werdendes (inneres) Bild davon, was Achtsamkeit bedeutet. Um sich immer wieder an die Übungen und das damit verbundene achtsame Verhalten zu erinnern, bringt man z.B. kleine Zettel mit Hinweisen zur gerade laufenden Wochen-Übung an verschiedenen Stellen bei sich zu Hause an.[75]

Neben dieser allgemeinen Achtsamkeits-Schulung kommen in der körperorientieren Psychotherapie Verfahren zum Einsatz, die der Vipassana-Methode ähneln. Hierbei wird der Aspekt der somatischen Achtsamkeit hervorgehoben, d.h., die Klienten richten während der Therapiesitzung ihre Aufmerksamkeit immer wieder auf den Körper. Eines dieser körperorientierten Therapieverfahren ist unter dem Namen *Focusing* des Psychotherapeuten Eugene T. Gendlin bekannt. Im gleichnamigen Buch stellt er in sechs Schritten vor, wie Übende ihre Probleme mit dem Körper in Verbindung bringen können und mithilfe des *felt sense* spüren lernen. Der *felt sense* bzw. der „gespürte Sinn" ist ein symbolischer Begriff, der im Leben des Übenden für eine durch ein Problem ausgelöste körperliche Empfindung steht. In der konkreten therapeutischen Arbeit geht es darum, den *felt sense* im „Gespräch" mit dem Körper immer klarer mit passenden Worten zu benennen, bis schließlich eine körperliche Entspannung eintritt. Gendlin legt bei der Körperarbeit auf eine annehmende Haltung wert, doch sollte man sich nicht völlig in die körperlich gespürten Gefühle hineinfallen lassen.[76] Mit der Methode *Somatic Experience* nach Peter A. Levine lernen Klienten, den Körper nach einem Trauma neu zu entdecken, indem sie ebenfalls ihren Spürsinn bzw. den *felt sense* verbessern. Das dadurch gesteigerte Körper-Gewahrsein hilft den Praktizierenden, ihre körperlichen Empfindungen zu unterschiedlichen Gefühlen wieder besser zu spüren. In seinem Buch *Vom Trauma befreien* zeigt er diesbezüglich ein breites Spektrum an möglichen körperlichen Empfindungen und verschiedene Schritte auf, mit denen man sich über körperliche Achtsamkeit schließlich von traumatischen Erlebnissen befreien kann.[77]

Die *NARM-Trauma-Therapie* nach Laurence Heller/Aline LaPierre arbeitet auf eine ähnliche Weise, wenn auch mit anderen Schwerpunkten und unterschiedlichen Einzelaspekten. Die Autoren zeigen auf der Basis von verschiedenen Persönlichkeitsstrukturen zunächst mehrere mögliche psychische Kindheitsverletzungen auf. Die Trauma-Befreiung selbst wird im Wesentlichen von der gerichteten Aufmerksamkeit auf den Körper abhängig gemacht. Zusätzlich werden neurobiologische Mechanismen und die eigenen Ressourcen in die Arbeit miteinbezogen.[78]

Der US-amerikanische Mediziner Jon Kabat-Zinn hat mit dem sogenannten MBSR-Programm (*Mindfulness-Based-Stress-Reduction*) einen achtwöchigen Achtsamkeitskurs zusammengestellt, in dem die Teilnehmer in verschiedenen Übungssequenzen – z.B. Yoga-Übungen, Gehmeditation, Meditation zur Körperwahrnehmung (*Bodyscan*) sowie einer Achtsamkeitsmeditation im Sitzen – lernen, ihre körperorientierte Achtsamkeit zu verbessern.[79]

Zusammenfassung des Kapitels

Achtsamkeit ist ein Zustand meditativer Wachheit und Klarheit, der durch regelmäßige Übung erreicht werden kann, indem man seine eigene Aufmerksamkeit – ohne Wertung bzw. rein beobachtend – auf möglichst viele Aspekte des Lebens richtet. Verschiedene Achtsamkeitstechniken, wie die Vipassana- oder Sakshi-Bava-Meditation, rücken insbesondere den Körper in den Mittelpunkt des Achtsamkeitsinteresses. Bei Vipassana sollen alle Gefühle und Gedanken sowie die dazu passenden körperlichen Empfindungen in Verbindung mit der Atempraxis bewusst wahrgenommen werden. Auf diesem Weg kann man sich der Vipassana-Meditation zufolge von diesen emotional-gedanklichen Zuständen befreien.

Entgegen dieser Sichtweise verstehe ich die Arbeit mit körperorientierter Achtsamkeit vielmehr als Prozess, in dem durch die körperliche Annahme von negativen Gefühlen und Gedanken mehr Selbstliebe im paulinischen Sinne entsteht, was aber durchaus auch als befreiend erlebt werden kann. In dieser wachsenden Liebe lösen sich schließlich die belastenden projizierenden Verhaltensweisen und *inneren Feinde* nach und nach auf, weil die dazu passenden negativen Gefühle und Gedanken geliebt werden.

Verschiedene körperorientierte Achtsamkeitsverfahren haben bereits im Westen Einzug gehalten und werden z. B. in der Trauma-Therapie oder im Selbsthilfebereich angewendet.

Um jedoch tatsächlich glauben zu können, dass es durch körperorientierte Achtsamkeit möglich ist, negative Gefühle und Gedanken zu lieben und damit projizierte *innere Feinde* wieder zu integrieren und aufzulösen, bedarf es wissenschaftlicher Antworten auf mehrere Fragen. Bilden Körper und Geist eine Art Einheit, sodass wir geistig-emotionale Prozesse wirklich körperlich spüren können? Wenn Vipassana-Vertreter von einem negativ belasteten Geist sprechen, speichern wir dann emotional-gedankliche Prozesse ab, sodass wir von ihnen nachhaltig beeinflusst werden? Lassen sich Körper und Geist bzw. erlernte emotional-gedankliche Muster grundsätzlich wieder verändern und, wenn ja, kann das (körperorientierte) Achtsamkeit im Sinne der (Selbst-)Liebe bewirken?

4. Die Körper-Geist-Immunsystem-Einheit und Achtsamkeitsforschung

*Wer alles anzweifelt, kann genauso wenig Wahres
erkennen wie jemand, der anderen alles nur glaubt.*

Die Einheit zwischen Körper und Geist

Die alte Vorstellung einer Welt, in der Materie (Körper) und Geist voneinander getrennt sind, ist heute nicht mehr haltbar. Nach Ansicht der „Mutter" der Neurowissenschaft Candace Pert bilden Körper und Geist nicht nur eine Einheit. Der Körper ist vielmehr das fleischgewordene Abbild des Geistes, der zum Körper wird und im selben Moment mit dem Geist interagiert.[80] Das heißt, der Geist bringt den Körper hervor und wird dann durch den Körper beeinflusst. Auch in der Bibel findet sich im Evangelium nach Johannes eine Stelle, die dem Geist eine entscheidende Rolle bei der Entstehung des Körpers beimisst (Joh 1,14). So heißt es im Prolog des Evangeliums, dass das Wort (Geist) Fleisch geworden ist.[81]

So mancher Quantenphysiker bestätigt das gezeichnete Bild ebenfalls. Der menschliche Geist ist z. B. nach Amit Gosvami nicht nur auf das jeweils individuelle Gehirn zu begrenzen. Er ist vielmehr Teil eines Quantenbewusstseins, d. h. eines omnipräsenten und unabhängig von uns existierenden Raums an Möglichkeiten, der in Verbindung mit Gedanken die materielle Realität und damit auch das Körperliche hervorbringt.[82]

Wie sieht die Welt im Körper-Geist-Immunsystem aus? Candace Pert zeichnet ein ganzheitliches Bild dieses Phänomens. Körper und Geist (Gehirn) stehen in einem komplexen Informationssystem miteinander in Verbindung. Sie kommunizieren in Echtzeit auf der Basis von neuro- bzw. biochemischen Stoffen und Rückkopplungsmechanismen zwischen den Zellen sowie zwischen Körper und Geist (Gehirn) als Ganzem.[83] Indem sich Zell-Rezeptoren, d.h. eine Art Schlüssellöcher an der Zelloberfläche, mit spezifischen Liganden, d.h. den jeweils passenden Schlüsseln, verbinden, verändert sich der jeweilige Zellzustand entsprechend der Information, die die Liganden an den Rezeptoren übertragen haben.[84] Rezeptoren und Liganden sind Moleküle, also die kleinsten Teile, in die z.b. stoffliche Verbindungen noch zerlegt werden können, ohne deren chemische und physikalische Merkmale zu modifizieren.[85] In diesem Zusammenhang gelang es Pert den Opiat-Rezeptor mit Laboruntersuchungen nachzuweisen. Er bindet z.b. Endorphine.[86] Endorphine sind wiederum Liganden, die für die Kontrolle unserer Emotionen (Angst, Freude etc.) wichtig sind und genauso für das Schmerzempfinden. Sie können deutliche Auswirkungen auf unsere Stimmung sowie das Schmerzerleben haben und auch das Gefühl der Freude stark beeinflussen.[87] Endorphine gehören zur Liganden-Gruppe der Peptide, d.h., es sind Opioidpeptide. Pert zufolge sind es hauptsächlich Peptide bzw. Neuropeptide, die bis auf die Zellebene regeln, wie wir uns fühlen und auch wie unser Gesundheitszustand ist.[88] Sie stimulieren den Körper bzw. das Gehirn so, dass Gefühle im ganzen Menschen erlebbar werden und z.b. als bestimmter Gesichtsausdruck eine sichtbare Form finden.[89] Gefühle, Stimmungen und körperliche Empfindungen (Schmerz) sind also ein chemisch codierter Ausdruck, der durch die passende Verbindung zwischen Rezeptor und Ligand zustande kommt. Das heißt, je nach Situation werden die passenden Liganden ausgeschüttet, die an den entsprechenden Rezeptoren andocken, wodurch Gefühle für uns erlebbar werden. Neben den Peptiden gibt es noch weitere Liganden, wie z.b. Neurotransmitter, die meistens vom Gehirn hergestellt werden, um Informationen zwischen Neuronen, also Nervenzellen, zu übertragen. Jedoch spielen sie im Vergleich zu den Peptiden eine untergeordnete Rolle.[90]

Wie kann man sich die Kommunikationswege im Körper-Geist-Immunsystem genauer vorstellen? Was den Ausgangspunkt der Kommunikation – also den „Sender" – anbelangt, sprechen viele Autoren die entscheidende Rolle dem Gehirn zu. Es setzt die der jeweiligen Situation entsprechenden neurochemischen Reaktionen in Gang, um z.B. angemessen auf eine Stressreaktion reagieren zu können.[91] Das Gehirn fungiert als eine Art „Temperaturregler", der, je nachdem wie hoch die „Temperatur" ist – d.h. das chemische Profil auf Zellebene –, entsprechende Stoffe produziert, um das Gleichgewicht des Organismus (Homöostase) zu halten bzw. wiederzuerlangen. Candace Pert hingegen relativiert diesen eindimensionalen Wirkmechanismus zwischen Gehirn und Körper, d.h., dass alle wesentlichen Reaktionen vom Gehirn ausgehen. Sie spricht in Bezug auf die Bewegungsrichtung der Moleküle davon, dass sie von vielen verschiedenen Stellen in den Systemen unseres Körper-Geist-Immunsystems zur gleichen Zeit angeregt werden. Das Gehirn ist nur *ein* Knotenpunkt in diesen Systemen, weshalb sie zu der Auffassung kommt, dass der Körper-Geist insgesamt von einer Art intelligentem Feld gesteuert wird.[92] Laut dem Mediziner und Psychiater David Servan-Schreiber verfügen wir in Darm und Herz sogar über „kleine Gehirne" aus neuronalen Netzwerken, die eigenständig wahrnehmen und Erfahrungen machen und folglich körperliche Erinnerungen bilden.[93] Vielleicht ist es aber auch hier wieder das intelligente Feld, welches letztlich diese Abläufe koordiniert. Servan-Schreiber meint zudem, dass der Körper unmittelbar mit dem limbischen System, d.h. unserem emotionalen Gehirn, verbunden ist, zu dem auch die Amygdala[94] gehört. Deshalb können wir an unsere im Gehirn gespeicherten (negativen) Gefühle über den Körper herankommen bzw. über den Körper auf das limbische System einwirken.[95] Das bedeutet, auch er ist – wie Candace Pert – der Meinung, dass nicht nur das Gehirn die wesentliche Rolle als „Sender" von Informationen einnimmt, sondern es verschiedene „Sendemasten" im Körper-Geist gibt.

Ob nun das Gehirn oder der Körper die chemischen Prozesse zuerst in Gang setzt, entwickelt sich vor diesem Hintergrund ein Stück weit zur Frage nach der Henne oder dem Ei. In jedem Fall lässt sich sagen, dass Körper und Geist in ihrer Reaktionsweise sehr deutlich miteinander verknüpft sind und sich gegenseitig über Rückkopplungsschleifen beeinflussen.

Negative Prägung des Körper-Geist-Immunsystems vor und nach der Geburt

Wie bereits die obigen Ausführungen vermuten lassen, ist der Körper-Geist kein leeres Gefäß, das tagsüber befüllt und nachts auf wundersame Weise entleert wird. Unsere Erfahrungen werden als (chemische) Erinnerungen sowohl im Gehirn als auch überall im Körper abgespeichert. Wie sich diese Erinnerungen dann zeigen, d. h., ob sie z. b. in Form von Gedanken ins Bewusstsein kommen, wird vonseiten der Rezeptoren im komplexen Körper-Geist-System vermittelt, da dort die Erinnerungen im Speziellen verschlüsselt und gespeichert sind.[96] Joe Dispenza spricht in Verbindung mit diesen chemischen Erinnerungen sogar von einem Suchtkreislauf. Auf der Basis des in den Zellen abgespeicherten chemischen Profils beeinflussen sich Körper und Geist (Gehirn) gegenseitig, um den gewohnten emotionalen bzw. chemischen Zustand wiederzuerlangen.[97] So wie ein Drogensüchtiger immer höhere Dosen braucht, um seine Sucht zu befriedigen, kann es Dispenza zufolge auch bei Stress oder Gefühlen, wie z. B. Angst oder Schuldgefühlen, geschehen, dass Menschen versuchen, ihr Niveau an Stress, Angst, Schuld etc. chemisch aufrechtzuerhalten.[98] Deshalb verstehe ich das Gleichgewicht des menschlichen Organismus (Homöostase) als subjektiv erlernten Zustand, auf dessen Basis sich der Körper-Geist dynamisch einpendelt. Das heißt z. B. auf Stress bezogen, dass der Körper-Geist nach einer akuten Stressreaktion zwar dazu tendiert, zum Gleichgewicht zurückzukehren, aber es ist ein erlernter oder gar programmierter Zustand auf der Grundlage vorheriger Erlebnisse.

Einige Forschungsergebnisse sprechen für die These, dass unser Körper-Geist-Immunsystem im negativen Sinne programmiert werden kann. Wie in Versuchen an Ratten gezeigt werden konnte, so der US-amerikanische Biologe und Neurologe Robert M. Sapolsky, haben die Jungen von Rattenmüttern ein höheres Risiko, verschiedene körperliche Krankheiten herauszubilden, wenn die Mütter während der Trächtigkeit unter Stress gesetzt wurden, indem man ihnen z. B. hohe Dosen von Hormonen (Glukokortikoide) spritzte, die zentral bei der Stressreaktion vorkommen. Darüber hinaus wiesen diese jungen Ratten eine geringere sexuelle Aktivität als erwachsene Tiere auf, und sie waren zudem ängstlich. Das sieht man laut Sapolsky z.B. daran, dass diese pränatal gestressten Jungen als ausgewachsene Ratten bei hellem Licht erstarrten oder in einer neuen Umgebung nicht lernen konnten. Das ist nachvollziehbar, denn eine neue Umgebung ist diesem Wissenschaftler nach schon an sich erschreckend bzw. beängstigend, und da Ratten Nachtiere sind, mögen sie schon ganz natürlich kein Licht.[99] Da er sich jedoch in dem gerade beschriebenen Angst-Experiment nicht dazu äußert, wie sich die nicht gestressten Tiere genau verhielten, darf vermutet werden, dass sie die beschriebenen Symptome deutlich weniger aufwiesen als ihre künstlich beeinflussten Artgenossen. Die Forschung zu den Auswirkungen von pränatalem Stress bei Ratten ist jedoch nicht stehen geblieben, sondern konnte in Bezug auf die Programmierung des Körper-Geist-Immunsystems spezifiziert werden. Man fand z.B. heraus, dass, je nachdem, in welcher Trächtigkeitswoche weibliche Ratten gestresst werden, die Intensität von Angst- und Paniksymptomen bei der Nachkommenschaft variiert. Das heißt, die Stärke dieser Gefühle ist je nach Lebensalter bzw. Entwicklungsstufe der jungen Ratten verschieden. So sind die Effekte von vorgeburtlichem Stress besonders dann auffallend, wenn die Mütter in der dritten Trächtigkeitswoche Stress ausgesetzt wurden.[100]

Auch beim Menschen gibt es aktuelle Forschungsergebnisse zur vorgeburtlichen Angst bei Müttern, die programmatische Auswirkungen auf ihre Kinder hat. Diese drückt sich z.B. in Form von Frühgeburten, einem schwächeren Immunsystem in der (frühen) Kindheit, mehr Krankheiten, einer reduzierten grauen Substanz[101], mehr negativen Emotionen sowie einer geringeren geistigen Entwicklung aus.[102] Insofern hat ein negatives emotionales Erleben (der Mutter) durchaus einen dauerhaft negativen Effekt sowohl auf das (emotionale) Verhalten als auch auf den geistig-körperlichen Zustand eines Kindes. Verschiedene weitere Studienergebnisse unterstützen darüber hinaus die These, dass wir durch traumatische Lebensumstände im Kindesalter sowohl körperlich als auch in unserem (emotionalen) Verhalten massiv negativ geprägt werden können. Vincent Felitti konnte in der Studie *Adverse Childhood Experiences* aufzeigen, dass die Befragten umso mehr gesundheitsgefährdende Verhaltensweisen und chronische Krankheiten aufwiesen, je mehr traumatische Erfahrungen sie in der Kindheit erlebten. In einer jüngeren Studie hierzu zeigte die Forscherin Janice Kiecolt-Glaser, dass

Erwachsene, die in den ersten zehn Jahren ihres Lebens misshandelt oder vernachlässigt wurden, durchweg erhöhte Entzündungswerte hatten.[103] Ohne einen Memory-Effekt im Körper-Geist wären die gravierenden Auswirkungen dieser Erfahrungen wohl nicht möglich gewesen.

Exkurs: Die Bedeutung der Amygdala und GABA bei (vorgeburtlicher/m) Angst/Stress

Die Amygdala als wichtiger Teil unseres „emotionalen" Gehirns (limbisches System) spielt in angstbehafteten Situationen, wie sie z. b. bei vorgeburtlichem Stress gegeben sind, eine wesentliche Rolle. Denn dieser Teil des Gehirns programmiert diesen Stress – für das ganze Leben – zu einem generellen Angstprofil. Die Amygdala verfügt, wie im Fall der pränatal gestressten Ratten, über mehr Rezeptoren, die Liganden für Angst (Neurotransmitter CRH) binden, als umgekehrt Rezeptoren, die Angst hemmen.[104] Welche Rezeptoren und Liganden sind für die Angst-Hemmung wichtig? Es sind die GABAA-Rezeptoren und GABA als zentraler Neurotransmitter. Die Relevanz der GABAA-Rezeptoren beim Thema „Angst" erkannte man in Verbindung mit Klaustrophobie. Als man feststellte, dass Klaustrophobiker in manchen Gehirnbereichen weniger GABAA-Rezeptoren aufwiesen als andere Menschen, untersuchte man dieses Phänomen. Man züchtete Mäuse, bei denen eine Untereinheit der GABA-Rezeptoren bewusst deaktiviert wurde. Die Mäuse wurden daraufhin sehr ängstlich. Als man ihnen jedoch das Beruhigungsmittel *Diazepam* gab, gingen die Symptome wieder weg.[105] *Diazepam* gehört zu einer Gruppe von Psychopharmaka (Benzodiazepine), die die Wirkfähigkeit des Neurotransmitters GABA verbessert bzw. den GABA-Rezeptor selbst in einen „höheren" Zustand versetzt, sodass GABA besser wirken kann.[106] Deshalb wurde vermutet, dass ein Zuwenig an GABA neben anderen Faktoren verantwortlich für starke Angstzustände ist.[107]

Die heutige Forschung bestätigte diese Behauptung beim menschlichen Patienten dahingehend, indem sie nachwies, dass eine Verbesserung in der GABA-Übertragung durch z. B. Benzodiazepine angsthemmend wirkt und umgekehrt die Verringerung der GABA-Übertragung angstauslösend ist. Außerdem gibt es eine Wechselwirkung zwischen Angstsymptomen und einem Defizit an GABAA-Rezeptoren.[108] Mittlerweile zeigen auch andere den GABAₐ-Rezeptor modulierende Medikamente (TPA-023), dass mit ihnen eine angstlösende Wirkung erzeugt werden kann. Im Unterschied zu den Benzodiazepinen weisen diese keine sedierenden Effekte auf und machen viel weniger abhängig.[109] Selbstredend wäre es besser, wenn man auf natürlichem Weg bzw. durch eigene Anstrengungen die GABA-Aktivität erhöhen könnte und damit weniger Angst hätte. Deshalb sollte geprüft werden, ob achtsamkeitsbasierte Methoden dies bewirken können, weil durch deren Praxis Ruhe und Entspannung entsteht, die ja das Gegenteil von Angst sind.

Stressbedingte Negativ-Prägung des Immunsystems

Auch der vermeintlich ohne Probleme aufgewachsene Mensch kann im Körper-Geist-Immunsystem ungünstige Strukturen aufbauen. Jeder steht irgendwann einmal unter Stress. Das ist normal und in manchen Situationen sogar überlebenswichtig, um sich z. B. außer Gefahr bringen zu können. Wenn wir aber dauerhaft gestresst sind und uns nicht ausreichend entspannen, hat das negative Konsequenzen für unsere Gesundheit. Der Körper-Geist verlangt in diesem Fall nach seinem gewohnten „Stress-Cocktail", der für ihn zum Normalzustand geworden ist. Wie sieht dieser aus? Sind wir chronisch im Stress, wird im Körper vermehrt die Ausschüttung des zentralen Stresshormons Cortisol erforderlich, weshalb das Gehirn (Hypothalamus) in einer Rückkopplungsschleife mit dem Körper immer wieder angeregt wird, die Nebennierenrinde damit zu beauftragen, Cortisol freizusetzen.[110] Der „Temperaturregler" (Hypothalamus) im Gehirn ist bei dauerhaftem Stress bildlich gesprochen voll aufgedreht und hält die gespeicherte „Temperatur" (Cortisol-Spiegel) im Blut. Hält der Stress weiter an, kann sich die Cortisol-Produktion jedoch zunehmend erschöpfen.[111]

Das ist für unsere Gesundheit problematisch. Warum? Haben wir z. B. eine Virusinfektion, empfindet das unser Immunsystem als Stressor bzw. als schädlichen Reiz und reagiert darauf mit einer Entzündung. Das ist grundsätzlich ein normaler Vorgang. Um diesen Entzündungszustand wieder zu beenden, wird (später) Cortisol ausgeschüttet.[112] Auch das ist normal. Eine ausgeglichene Immunabwehr (virale und bakterielle Abwehr) kann mit einer solchen Infektion und auch mit der erforderlichen Ausschüttung von Cortisol gut umgehen. Bei chronischem Stress hingegen, durch den ebenfalls Entzündungen im Körper hervorgerufen werden, kann unser Immunsystem aus dem Gleichgewicht geraten. Das heißt, es wird dauerhaft sehr viel Cortisol ausgeschüttet, wodurch die virale Immunabwehr (TH-1-System) geschwächt bzw. unterdrückt wird. Dadurch stehen u. a. weniger natürliche Killerzellen zur Verfügung, die nicht nur zur Bekämpfung einer Virusinfektion, sondern auch zur Abtötung von Krebszellen benötigt werden.[113] Doch damit nicht genug. Geht der wiederholte Stress so weit, dass die Produktion des Cortisols dereguliert wird, d.h. irgendwann zu wenig Cortisol zur Verfügung steht, können Entzündungen nicht mehr effektiv eingedämmt werden. Stattdessen fördern dann pro-inflammatorische Zytokine[114] – also Abwehrstoffe, die im Normalfall die körpereigene Immunabwehr (TH-1-System) stärken –, dass Zellen zu Krebszellen entarten und bereits bestehende wachsen. Sie begünstigen außerdem deren Streuung im Körper (Metastasierung).[115] Dauerhafter Stress verkehrt somit die natürliche Immunreaktion ins Gegenteil, sodass im Körper ein krebsförderliches Klima entsteht.

Auch das Burnout-Syndrom, das bekanntermaßen zusammen mit chronischem Stress auftritt, steht in Verbindung mit erhöhten Cortisol-Werten, wie in einer jüngeren Untersuchung herausgefunden wurde.[116] Einer anderen Studie zufolge veranlasst starker Stress die Amygdala dazu, in verschiedene Körperregionen Signale für die Produktion von Entzündungsstoffen zu senden, die die Wände von Arterien angreifen können, wodurch diese verhärten und verdicken. Dadurch werden z.B. Herzinfarkte begünstigt. Die Forscher erkannten, dass ein ca. 60 % höheres Infarktrisiko bestand, wenn die Amygdala stressbedingt ständig aktiv war.[117] Darüber hinaus hat man in jüngerer Vergangenheit herausgefunden, dass bestimmte Immunzellen des Gehirns vergangene Entzündungsreaktionen abspeichern bzw. die Zellen durch sie verändert werden.[118] Entzündungen werden also nicht zwingend gelöscht, nachdem die Immunreaktion zu Ende ist.

Zur Aufrechterhaltung der Gesundheit ist es deshalb elementar wichtig, stressbedingte Entzündungen zu verhindern, um schwere Krankheiten zu vermeiden.

Positiver Einfluss des Geistes auf den Körper, die Gefühle und das Immunsystem

Trotz dieser Gefahren und Negativbefunde ist der Geist glücklicherweise in der Lage, das Immunsystem auch positiv zu verändern. Nehmen wir einmal an, wir freuen uns auf ein bevorstehendes freudiges Ereignis. Schon allein aus dieser Erwartung heraus, d. h. abhängig davon, dass wir uns für die Zukunft etwas Schönes erdenken, schüttet das Gehirn den Neurotransmitter Dopamin aus, was dann als Freude körperlich erlebbar wird – und nicht erst dann, nachdem wir tatsächlich etwas, was uns freut, bekommen haben.[119] Die erwartungsvollen Gedanken lösen also die jeweilige körperliche (Gefühls-)Reaktion aus. Umgekehrt funktioniert das natürlich auch, z. B. mit (antizipiertem) Stress in negativer Form.[120]

In diesem Zusammenhang möchte ich eine Studie zur Autosuggestion anführen, in der die positive Wirkung des Geistes bzw. der Gedanken auf Veränderungen des Immunsystems nachgewiesen werden konnte. Kinder sollten sich vorstellen, in ihrem Speichel Immunsubstanzen zunehmen zu lassen, um Krankheiten besser bekämpfen zu können. Dafür hörten sie eine Tonbandaufnahme mit der passenden Suggestion. Gruppe A hatte die Aufgabe, allgemein Immunsubstanzen zunehmen zu lassen, und Gruppe B sollte ganz speziell das Abwehrmolekül Immunglobulin A vermehren. Eine dritte Gruppe hörte ebenfalls ein Tonband, jedoch ohne Anweisungen zur Immunologie. Tatsächlich konnten nach dem Experiment bei Gruppe B erhöhte Werte des spezifischen Abwehrmoleküls im Speichel nachgewiesen werden, wohingegen bei den anderen beiden Gruppen nichts passierte. Der Geist kann also den Körper bzw. sogar das Immunsystem gezielt positiv verändern!

In einer anderen Studie wies die Forscherin Janice Kiecolt-Glaser nach, dass Progressive Muskelentspannung, d.h. eine Form bewusster (geistiger) Fokussierung auf Anspannung und Entspannung des Körpers, das Immunsystem stärkt. Wie stellte man das fest? Nach einem Übungszyklus mit Progressiver Muskelentspannung konnten im Blut derjenigen, die während der Studie diese Methode geübt hatten, u.a. mehr natürliche Killerzellen festgestellt werden als vor dem Experiment. Da natürliche Killerzellen nicht nur wichtig bei der Bekämpfung von Virusinfektionen sind, sondern auch Krebszellen bekämpfen, ist diese Studie bemerkenswert.[121]

Die Studienergebnisse bedeuten Folgendes: Verändert sich der Geist auf positive Weise, dann führt das bis auf die Zellebene zu biochemischen Veränderungen, die unseren Körper und das Immunsystem kräftigen können. Wenn die Veränderung des Geistes eine derartige Wandlung im Körper-Geist-Immunsystem bewirkt, ist die Frage, inwieweit Achtsamkeit als Ausdruck einer neuen geistigen Haltung das ebenfalls zu tun vermag.

Forschung zum Thema Achtsamkeit

Über die positiven Auswirkungen von Achtsamkeit ist in den letzten Jahren viel geforscht worden, besonders zu MBSR (Mindfulness-Based-Stress-Reduction). Deshalb stelle ich Ihnen eine kleine Auswahl an Forschungsergebnissen zu MBSR vor sowie auch zu den allgemeinen Wirkungen von Achtsamkeit.[122]

Nachdem die Teilnehmer eines MBSR-Trainings acht Wochen lang Achtsamkeit geübt hatten, konnten die Forscher bei ihnen in einigen Teilen des Gehirns eine Zunahme der grauen Substanz feststellen.[123] Unter der grauen Substanz versteht man die Bereiche des Zentralen Nervensystems, in denen Nervenzellkörper (zentraler Bestandteil einer Nervenzelle) in hoher Dichte vorkommen.[124] Es wird angenommen, dass die graue Substanz u.a. auf die Intelligenz des Menschen Einfluss hat. So traten in einer Untersuchung des US-amerikanischen Psychologen Richard Haier erhöhte Intelligenzwerte in Wechselwirkung mit mehr grauer Substanz in Gehirnarealen auf, die mit Gedächtnis, Sprache und Aufmerksamkeit in Verbindung stehen.[125]

Besonders hervorzuheben ist in der oben erwähnten MBSR-Studie die Zunahme der Dichte der grauen Substanz im Hippocampus, also dem Bereich des Gehirns, in dem bei Erwachsenen neue Nervenzellen entstehen. Man nimmt an, dass diese Zellen beim Lernen und für das Gedächtnis wichtig sind.[126] Dieses Gehirnareal ist außerdem elementar, um sich an Tatsachen, Daten und Personen konkret zu erinnern, aber auch eine Sprache zu verstehen und zu sprechen.[127] Des Weiteren trägt der Hippocampus zur emotionalen Regulierung bei – das ist die Fähigkeit, Art und Intensität von Emotionen eigenständig zu beeinflussen.[128] Wie kommt man darauf? In Untersuchungen fand man heraus, dass Menschen mit z. b. Depression, Ängsten und Sucht Verkleinerungen des Hippocampus aufwiesen.[129] Wenn also dieser Teil des Gehirns kleiner ist als bei Vergleichspersonen, dann treten unkontrollierbare emotionale Zustände, wie z. b. Angst und Depression, eher auf als bei Personen mit normalem Hippocampus. Darüber hinaus hat auch der Hippocampus ein „Angst-Gedächtnis" und nicht nur die Amygdala.[130] Insofern trägt dieser Gehirnbereich elementar dazu bei, wie wir mit unseren Emotionen umgehen. Wenn Achtsamkeit also eine Zunahme der grauen Substanz in diesem Gehirnbereich hervorrufen kann, dann ist zu vermuten, dass das zumindest indirekt förderlich für den Umgang mit negativen/unkontrollierbaren Gefühlen ist, die ja bei projizierendem Verhalten in Form von Wut, Angst, Hass etc. zuhauf vorkommen.

Neben dem Hippocampus stellte man bei den Teilnehmern der MBSR-Studie eine Zunahme der grauen Substanz im Kleinhirn (Cerebellum) fest. Dieser Gehirnbereich ist neben der motorischen Koordination ebenso wie der Hippocampus an der Regulierung von Emotionen beteiligt und für unsere Wahrnehmungsfähigkeit wichtig. Außerdem konnte man mehr graue Substanz im Temporoparietalen Übergang (TPJ) feststellen – eine Gehirnregion, die man u. a. mit dem Empfinden von Mitgefühl in Verbindung bringt.[131] Infolgedessen liegt es auch hier nahe, Achtsamkeit mit einer positiv regulierenden Einflussnahme auf die Wahrnehmung und Steuerung unserer Gefühle in Verbindung zu bringen, die beim Projizieren ganz offensichtlich ein Stück weit verzerrt ist. Weitere Studienergebnisse (nicht auf MBSR bezogen) zeigen zudem eine positive Beziehung zwischen Achtsamkeit, Selbstkontrolle und psychischem Wohlbefinden. Achtsamkeit spielt dabei nicht nur eine positiv vermittelnde Rolle, sondern vermag den positiven Effekt, den Selbstkontrolle auf die normale Funktionsweise der Psyche hat, noch zu vergrößern.[132] Eine andere Studie (ebenfalls nicht auf MBSR bezogen) bestätigt eine grundsätzlich positive Verbindung zwischen Achtsamkeit und der Regulierung von Emotionen.[133] Im Speziellen kann hier auf verschiedene Studien verwiesen werden. So deuten jüngste Forschungsergebnisse darauf hin, dass Achtsamkeit dabei helfen kann, die Abnahme von impulsivem (aggressivem) Verhalten zu fördern bzw.

es besser selbst zu regulieren.[134] Des Weiteren wirkt sich Achtsamkeit (MBSR) grundsätzlich positiv bei Angststörungen aus, und das wohl deshalb, weil dadurch Hirnareale besser aktiviert und miteinander verbunden werden, die für die emotionale Regulierung wichtig sind.[135] In dieselbe Richtung zielt eine aktuellere Meta-Studie, die den Einfluss von Achtsamkeit auf Gefühle bzw. affektive Symptome untersuchte. Sie kommt zu dem Ergebnis, dass es eine enge Verbindung zwischen einem achtsamen Verhalten und weniger Angst-Symptomen und Depressionen gibt.[136]

Die Forschungsergebnisse zeigen folglich insgesamt, dass Achtsamkeit die Regulierung negativer Gefühlszustände verbessern kann und sich allgemein positiv auf unsere Psyche und unsere Lernfähigkeiten auszuwirken vermag. Indem wir also diese Meditationstechnik üben, werden wir womöglich weniger Opfer unserer unkontrollierten Reflexreaktionen, die oft bei projizierendem Verhalten vorkommen.

Paulinische Liebe und Achtsamkeitsforschung

In Bezug auf die paulinische Liebe muss jedoch gesagt werden, dass es keine Beweise dafür gibt, dass Achtsamkeit „stimulierend" auf diese Form der Liebe wirkt. Andererseits wurde ein möglicher Zusammenhang bisher noch nie wissenschaftlich untersucht. Wenn Achtsamkeit aber die emotionale Regulierungsfähigkeit zu verbessern mag, dann sind wir durch achtsames Verhalten eher in der Lage, auf unsere Gefühle Einfluss zu nehmen, was sich wiederum auf unsere „Liebes-Fähigkeit" auswirken könnte. Denn gelingt es uns, mithilfe der Achtsamkeit z. B. weniger Angst zu haben oder weniger wütend, traurig, eifersüchtig, neidisch etc. zu sein, öffnet das aus meiner Sicht die Tür zur Verwirklichung der Merkmale der paulinischen Liebe wie Geduld, Wertschätzung, Genügsamkeit, Gelassenheit, Friedfertigkeit etc. Ihnen allen liegt ein ausgeglichener Zustand zugrunde, der das Ergebnis gelungener emotionaler Regulierung ist.

Wie können wir uns mögliche Wirkmechanismen von Achtsamkeit auf projizierendes Verhalten bzw. Selbstliebe aus westlicher Perspektive vorstellen? Ich möchte Sie hierzu zu einem Gedankenexperiment einladen und die Verbindung beider Aspekte mit bereits untersuchten Zusammenhängen vergleichen.

Projizierendes Verhalten und Achtsamkeit sowie Konditionierung und Rückkonditionierung: ein Vergleich

In der westlichen Psychologie gibt es Formen des Lernens, die dem projizierenden Verhalten und der Achtsamkeitsarbeit ähneln. Man nennt sie „Konditionierung" und „Rückkonditionierung". Bei der klassischen Konditionierung werden bestimmte (körperliche) Reaktionen durch künstliche Reize so lange antrainiert, bis diese Stimuli dieselbe gewohnheitsmäßige Reaktion auszulösen vermögen wie der natürliche Reiz. Das funktioniert deshalb, weil wir als Lernleistung den natürlichen Reiz mit dem künstlichen verknüpfen, sodass schließlich allein dieser ausreicht, um dieselbe Reaktion hervorzurufen wie der gewohnte Stimulus.[137]

Iwan Pawlow hat diese Zusammenhänge eindrücklich bewiesen. Dafür kombinierte er in einem Tierversuch mit Hunden die Futtergabe, die bekanntermaßen den Speichelfluss auf natürliche Weise auslöst, mit unterschiedlichen künstlichen Reizen wie z. B. einem Ton, Lichtsignalen, einem tickenden Metronom etc. Durch ständiges Wiederholen dieser Reiz-Kombination konnte er erreichen, dass bei den Hunden schon aufgrund des künstlichen Stimulus der Speichelfluss einsetzte – also ohne konkretes Futter.[138] Damit war der wissenschaftliche Nachweis für die Möglichkeit einer Konditionierung erbracht. Was bedeutet nun Konditionierung in Bezug auf ein projizierendes Verhalten?

Im Licht der Konditionierung betrachtet beinhaltet projizierendes Verhalten ebenfalls eine Reiz-Reaktion, wenn auch nicht im klassischen Sinne. Jedoch reagiert der Projizierende wie der Konditionierte automatisiert auf bestimmte Reize, die von anderen Menschen kommen. Das heißt, jemand, der projiziert, kritisiert seine Mitmenschen heftig und reagiert unkontrolliert (= Reaktion), wenn er sieht, dass diese z. B. Angst haben, traurig oder wütend werden (= Reiz) etc. Durch diese emotionalen Stimuli werden die eigenen nicht akzeptierten Identitätsmerkmale immer wieder reaktiviert, ohne dass der Projizierende das willentlich steuern und Teile seiner abgelehnten Persönlichkeit wahrnehmen kann. Da Konditionierungen (weitgehend) wieder rückgängig gemacht werden können, ist anzunehmen, dass dies auch bei projizierenden Verhaltensweisen der Fall ist. Doch wie funktioniert eine solche Rückkonditionierung? Im oben beschriebenen Hunde-Experiment setzte der Speichelfluss bei den Tieren entweder nicht mehr ein, wenn der geistig-künstliche Reiz längere Zeit ausblieb, oder er trat nur noch in abgeschwächter Form auf, wenn der künstliche Stimulus später wieder – ohne konkrete Futtergabe – verwendet wurde.[139] Das heißt, indem der künstliche Stimulus dauerhaft weggelassen wird, „vergisst" das Tier seine zuvor konditionierte Reaktion wieder bzw. reagiert nicht mehr auf sie. Die erlernte Verhaltensweise wurde also rückkonditioniert.

Von Pawlow selbst – aber auch in vielen Folgeexperimenten – konnte auf diese oder ähnliche Weise die erfolgreiche Rückkonditionierung und gar Löschung von Konditionierungen gezeigt werden. Einschränkend muss aber gesagt werden, dass die Rückkonditionierung nur im besten Fall zur endgültigen Löschung (Extinktion) eines zuvor konditionierten Verhaltens führt. Wenn man nämlich die vermeintlich beseitigte Reaktion erneut mit dem ursprünglichen und dem künstlichen Reiz kombiniert, wird sie sehr schnell wieder erlernt.[140] Das heißt, es müssen doch noch Erinnerungen an das konditionierte Reaktionsmuster gespeichert sein, auf die wieder aufgebaut werden kann.

Grundsätzlich bewies Pawlow auf der Körper-Geist-Ebene damit Folgendes: Sowohl die Konditionierung einer körperlichen Reaktion als auch umgekehrt deren entsprechende Rückkonditionierung und Löschung funktionieren deshalb, weil sich der Geist verändert. Denn die eingesetzten und später wieder weggelassenen Reize, wie z.B. das tickende Metronom, Lichtsignale etc., waren allesamt geistiger Natur.

Die Achtsamkeit kann ebenfalls als ein Werkzeug des Geistes zur Rückkonditionierung angesehen werden bzw. übt eine rückbildende Funktion aus. Der Vipassana-Buddhist agiert in der Achtsamkeitsmeditation ganz ähnlich wie Pawlow beim Rückkonditionieren. Statt seine nicht akzeptierten Gefühle und Gedanken auf andere Menschen zu übertragen, hält er beobachtend inne und nimmt ohne Wertung seine emotional-gedanklichen Prozesse im Körper wahr, nachdem sie durch einen auslösenden Reiz als projizierendes Verhalten sichtbar wurden.

Das heißt, er versucht den Reiz, der eigentlich zum projizierenden Verhalten führt (Reaktion), dauerhaft „wegzulassen", d.h., nicht mehr kritisierend auf ihn einzusteigen, so wie Pawlow die künstlichen Stimuli wegließ, damit sich der Speichelfluss seiner Hunde wieder normalisieren konnte.

Natürlich kann der Meditierende die ihn betreffenden Stimuli nicht einfach so weglassen, wie das Pawlow tat. Wie jeder Mensch können wir als Meditierende den Reizen aus unserer Umwelt nicht völlig ausweichen, sondern sind im „Lebendversuch" immer wieder mit ihnen konfrontiert. Indem der Meditierende jedoch achtsam bleibt und seine Aufmerksamkeit auf den Körper richtet, nachdem er von einem negativen emotionalen Reiz angetriggert wurde, verändert er seine geistige Haltung und unterbindet dadurch seine gewohnheitsmäßig ablaufenden bzw. erlernten Folgereaktionen. Und das ähnelt dem Weglassen von geistigen Stimuli im Sinne Pawlows. Dadurch verfällt er auf die Dauer weniger oder nicht mehr in sein erlerntes geistig-emotionales Negativmuster, das zur Fortsetzung seines projizierenden Verhaltens führen würde. Eine erste Studie zur Wirksamkeit von Achtsamkeit im Rahmen der Rückkonditionierung bestätigt die oberen Gedanken. So deuten jüngste Forschungsergebnisse darauf hin, dass Achtsamkeit Konditionierungen nicht nur durchbrechen kann, sondern auch deren Löschung erleichtert sowie andererseits das Annehmen von konditioniertem Verhalten erschwert.[141]

Exkurs zur Hirnforschung

Mit der Konditionierung und Rückkonditionierung geht zudem wahrscheinlich eine neuronale Modifikation des Gehirns einher. Die Neurowissenschaft spricht in diesem Zusammenhang von der Plastizität des Gehirns, was bedeutet, dass es seine Leistung je nach Umgebung, Anforderungen und Lebenserfahrung verändert. Seine Veränderbarkeit bildet außerdem die Grundvoraussetzung für die Heilung verschiedener Krankheiten. Forschungen zeigen diesbezüglich, dass sich Menschen oder Tiere, die „durch Schlaganfälle, degenerative Krankheiten oder Unfälle" Schäden im Gehirn oder Rückenmark erlitten, wieder erholt haben. So regenerierte sich z.B. bei Schlaganfallpatienten, die nicht mehr sprechen konnten, das Gehirn von selbst, sodass sie häufig ihr Sprechvermögen wiedererlangten. Ob das wohl mitunter daran liegt, dass im Gehirn bzw. im Hippocampus auch noch im Erwachsenenalter neue Nervenzellen (Neurogenese) produziert werden, ist Gegenstand der Forschung.[142]

Der Neuropsychologe Donald Hebb hat mit der nach ihm benannten Hebb'schen Lernregel außerdem aufgezeigt, dass auf der Basis unseres flexiblen bzw. neuroplastischen Gehirns Neuronen- bzw. Nervengruppen, die gemeinsam angeregt werden, sich miteinander verschalten, und wenn sie das wiederholt tun, deren Verbindung gestärkt wird.[143]

Stimuliert man sie umgekehrt nicht mehr zusammen, lockern sie sich immer mehr, bis sie sich schließlich auflösen. Aus dieser Perspektive betrachtet, käme im Pawlow'schen Experiment wohl die Konditionierung deshalb zustande, weil neue Reize wiederholt zusammen mit bestehenden neuronalen Netzwerken stimuliert wurden, wodurch sich die entsprechenden Neuronen(-gruppen) miteinander verschalteten und damit konditioniertes Lernen stattfand. Umgekehrt lösten sich die aufgebauten neuronalen Verbindungen wieder, als die künstlichen (geistigen) Stimuli dauerhaft weggelassen wurden. Deshalb gehe ich auch beim projizierenden Verhalten davon aus, dass die negativen emotional-gedanklichen Muster nicht nur neuronal vernetzt sind, sondern diese neuronalen Verschaltungen (durch Achtsamkeit) wieder gelockert bzw. gelöst werden können. Dadurch bilden sich die gespeicherten emotional-gedanklichen Negativprägungen bzw. die daraus resultierenden projizierenden Verhaltensweisen zurück.[144]

Auf die Selbst- und Feindesliebe bezogen heißt das: Indem wir körperorientierte Achtsamkeit üben, lieben wir unsere erlernten emotional-gedanklichen Negativmuster, d.h. unsere (projizierten) *inneren Feinde,* irgendwann so sehr, dass sie sich zurückbilden bzw. auflösen und die dazu passenden neuronalen Verschaltungen zunehmend wegfallen. Wir lieben uns dann mehr selbst und integrieren gleichzeitig unsere künstlich erschaffenen Feinde.

Zusammenfassendes Beispiel
zu diesem Kapitel

An einem hypothetischen Fall werden die Zusammenhänge dieses Kapitels deutlicher. Ich gehe von einer projizierten Angst aus, in der jemand, der Achtsamkeit praktiziert, sich wieder mehr selbst liebt und dadurch seine Ängste integriert.

Spürt ein Achtsamkeitspraktizierender in der Meditation seiner Wut (Reaktion) nach, wenn er sich daran erinnert, dass seine Freunde, Familie etc. ständig ängstlich sind (Reiz), könnte Folgendes in ihm passieren: Als Reaktion auf den Reiz werden verschiedene Nervengruppen stimuliert, die mit der Wut zu tun haben. Das Gehirn schüttet zusammen mit dem Körper und in einer ständigen Rückkopplungsschleife die zu diesem Gefühl passenden neuro- und biochemischen Stoffe aus, wodurch die Wut im Körper spürbar wird. Als Ausgangsbasis für diesen Prozess dient die bis auf Zellebene gespeicherte chemische Signatur der Wut, die aus verschiedenen Situationen, in denen der Meditierende in der Vergangenheit wütend war, hervorgegangen ist. Die starke Angst, die der eigentliche Auslöser für die Wut-Reaktion war, kann der Meditierende aber (noch) nicht spüren. Bleibt der Übende jetzt jedoch achtsam und beobachtet ohne Wertung die Wut-Reaktion sowie die dazu passenden körperlichen Empfindungen am Körper, kann sich etwas verändern. Er gibt mit dieser Haltung dem Gehirn das Signal, auf der neuronalen Ebene damit anzufangen, das geistig-emotionale Negativmuster – seine projizierte Angst in Verbindung mit der Wut-Reaktion – zu lockern. Denn der achtsame Blick auf eine Stelle am Körper, wo Wut zu spüren ist, ist das genaue Gegenteil dessen, was der Meditierende in der Wut-Situation normalerweise tun würde, d.h., sie wahllos an anderen Menschen auszuagieren, um die eigene nicht akzeptierte Angst abzuwehren. Nachdem er eine Weile achtsam an der betreffenden Körperstelle „ausgeharrt" hat, entspannt sich dieser Bereich. Das Gehirn wird noch vor der im Körper spürbaren Entspannung dazu angeregt, die dazu passenden neurochemischen Stoffe zu produzieren und auszuschütten. Das führt dann zu einer körperlich spürbaren Wahrnehmung von Entspannung, Leichtigkeit, Weite und/oder Wärme, die ich als die körperlichen Empfindungen der (Selbst-)Liebe verstehe.

Je öfter es der Meditierende im Achtsamkeitsprozess schafft, die körperlichen Empfindungen von Wut in Körpergefühle der Entspannung umzuwandeln, desto mehr und öfter schüttet das Gehirn die dazu passenden neurochemischen Stoffe aus. Die neuronalen Verbindungen zwischen der projizierten Angst und der Wut lockern sich währenddessen immer mehr, jedoch wird ab einem individuell zu definierenden Zeitpunkt die Angst bzw. der eigentliche *innere Feind* merklich reaktiviert. Das klingt zunächst paradox, hat aber seinen Sinn. Warum ist das so?

Da der Meditierende die Wut, die die Angst bisher „deckelte", zunehmend annimmt, kann die sich hinter der Wut verbergende Angst zutage treten. Das heißt in einem Bild gesprochen, dass dies, wenn der Übende seine Wut mehr und mehr körperlich zulässt, einem immer löchriger werdenden Damm gleicht, wodurch die Angst, die in diesem Bild als dauerhaft gestautes Wasser gesehen werden kann, jetzt verstärkt durchsickert bzw. im Bewusstsein auftaucht. Deshalb wird sie klar spürbar. Natürlich muss dann auch die Angst achtsam am Körper angenommen werden, bis sich die betroffenen Körperstellen immer wieder entspannen. Irgendwann kommt es zur „wahren" liebevollen Annahme des einst erlernten Angstmusters bzw. zur Integration des projizierten Verhaltens. Auch die neuronalen Verbindungen zwischen Angst und Wut haben sich in diesem Selbstliebeprozess langsam voneinander gelöst. Damit verliert zumindest für diese Situation die Wut ihren Zweck und die Angst wird wieder integriert. Das heißt, im Ergebnis liebt sich der Übende durch seine innerlich wieder zugelassene Angst selbst wieder mehr und baut sein Feindbild ab – in diesem Fall „verängstigte Menschen".

Praktiziert er weiterhin Achtsamkeit, dann werden die Zellen noch mehr dazu angeregt, Rezeptoren zu bilden, die Liganden bzw. Peptide für Entspannung, Freude, Leichtigkeit, Wärme – zusammengefasst (Selbst-)Liebe – aufnehmen können. Darüber hinaus verbinden sich jeweils neue neuronale Verbindungen zur Entspannung mit bereits bestehenden und verschalten sich nachhaltig. Der Meditierende kann auf diese achtsame Weise also nicht nur die Neigung auflösen, andere Menschen aus der Wut heraus anzubrüllen, wenn er diese als verängstigt wahrnimmt, sondern sich auch aktiv eine liebevollere, (neuronale) emotionale Zukunft schaffen. Insgesamt bedeutet das: Beim Vipassana-Buddhisten oder Sakshi Bava-Yogi gehen durch die Veränderung des Geistes ihre nicht akzeptierten Persönlichkeitsanteile bzw. projizierenden Verhaltensweisen zurück, indem sie ihre dazu aufkommenden negativen Gefühle und Gedanken achtsam annehmen und dadurch im paulinischen Sinne lieben.

Abschließender Ausblick

Die bisher vorgestellte und noch kommende Achtsamkeitspraxis bedeutet nicht, dass Sie keine Gefühle mehr ausdrücken dürfen! Vielmehr sollen in Alltagssituationen Wut und andere Gefühle gespürt und dann entweder achtsam ausgedrückt werden oder man geht ihnen innerlich nach, bis sie wieder weggehen. Die Möglichkeit, beides tun zu können, zeugt von einer hohen emotionalen Regulierungsfähigkeit und schenkt deshalb die Freiheit der angemessenen Wahl für eine autonome Reaktion. Das heißt, es erhöht sich auf diese Weise die Chance, freier entscheiden zu können, ob und, wenn ja, wie man sich emotional ausdrückt. Damit ein solches Vorgehen jedoch überhaupt möglich ist, müssen vergangene projizierende Verhaltensweisen in der Achtsamkeitsmeditation immer wieder vor dem inneren Auge aufgerufen und achtsam mit ihnen gearbeitet werden. Natürlich braucht es hierfür regelmäßige Übung.

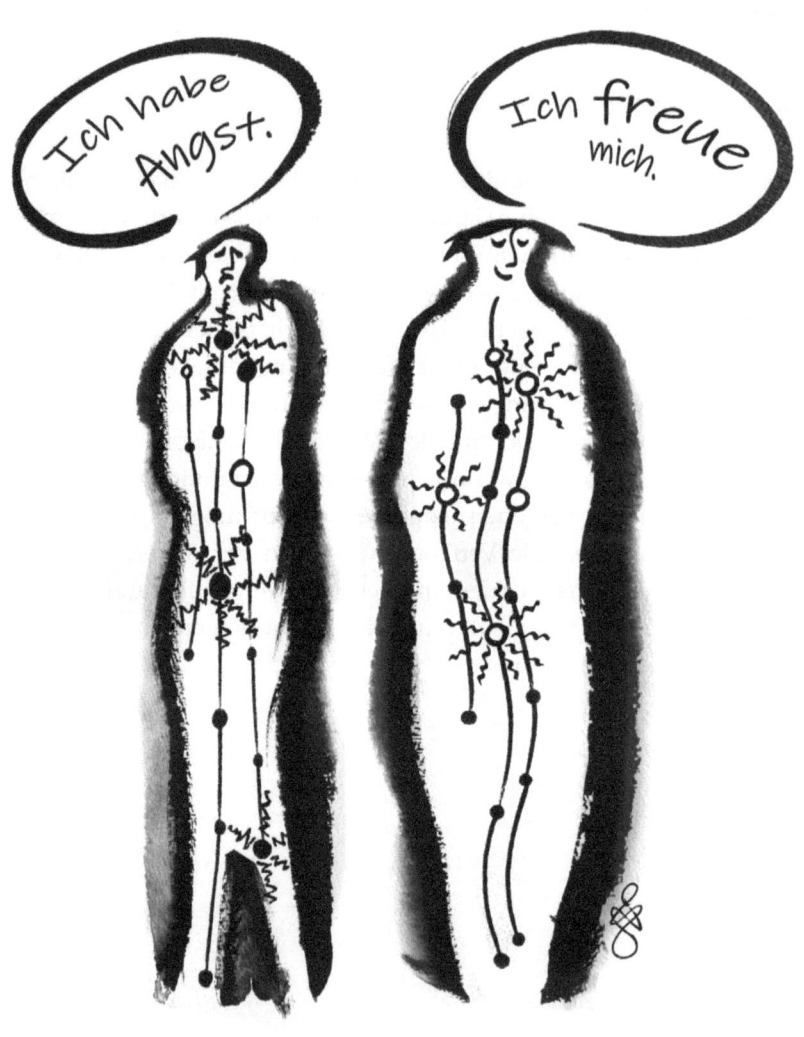

5. Eine körperorientierte Achtsamkeitsschulung

*Wissen zu erwerben, ohne es kontinuierlich
praktisch anzuwenden, ist, wie einen Eimer
mit Wasser zu befüllen, der ein Loch hat.*

Hinführung

Um Achtsamkeit üben zu können, ist es nicht notwendig, Meditationserfahrung zu haben. Es ist nicht einmal erforderlich, dafür in Meditationshaltung zu sitzen, auch wenn es sicherlich von Vorteil ist. Sie müssen auch kein Buddhist oder Yogi werden und auch kein Gelübde ablegen. Um mit Achtsamkeit erfolgreich zu sein, ist es in erster Linie wichtig, mit eingefahrenen emotional-gedanklichen Abläufen brechen zu wollen und kontinuierlich an sich zu arbeiten. Wie kann das in einem von Terminen dicht gedrängten westlichen Lebensalltag geschehen? Indem die Übungen so gestaltet sind, dass sie, sobald Sie sich sicher fühlen, in nahezu jeder Situation durchgeführt werden können. Wann das jedoch genau sein wird, kann ich Ihnen nicht sagen, weil das von Ihren individuellen Voraussetzungen abhängt. Deshalb lernen Sie, kleinschrittig vorzugehen, sodass möglichst viele individuelle Gegebenheiten berücksichtigt werden. Zudem gebe ich Ihnen Hinweise, wann es Zeit ist, eine Übung zu beenden.

Sie können auf dem Sofa üben, aber auch beim Spazierengehen, bei einer Bahnfahrt bzw. überall, wo Sie für sich etwas Raum finden. Wenn Sie geübt genug sind, können Sie auch dann noch achtsam sein, während Sie mit jemandem reden. Mit etwas Übung ist (fast) jedes Gefühl und jeder Gedanke als Resonanz im Körper (durch eine Empfindung) spürbar. Positive Gefühle wie Harmonie, Selbstvertrauen, Frieden, Mitgefühl, Freiheit etc., oder ganz allgemein ein Gefühl von Liebe, können als körperliche Empfindungen der Weite, Wärme und/oder Leichtigkeit im Herz- und Bauchbereich wahrgenommen werden. Auf der anderen Seite zeichnet sich z. B. Angst durch die Empfindung der Enge, des Eingeschnürtseins oder auch der Schwere aus. Man kann das zuweilen so empfinden, als ob einem eine Steinplatte auf dem Herzen liegen würde oder man in einen Schraubstock gespannt wäre. Das kann auch von einem Zittern oder Ziehen begleitet sein. Wut hingegen ist als Druck, als eine Verknotung oder ein Gefühl des Aufgeblasenseins zu spüren und für gewöhnlich im Bauchraum lokalisierbar. Daher kommen wahrscheinlich auch die Ausdrücke „Ich platze gleich vor Wut" und „Ich habe Wut im Bauch". Auch bei Schuldgefühlen, Eifersucht, Neid etc. ist eine Art Verknotung im Unterbauch zu spüren.

Neben konkreten Gefühlen sind auch negative Gedanken oder gar ganze Gedankenspiralen als körperliche Empfindungen wahrnehmbar. Sie haben ebenso wie die Gefühle eine somatische, d. h. eine körperliche Dimension, und können mit entsprechender Übung genauso spürbar werden. Jedoch treten negative Gedanken häufig in Kombination mit entsprechenden Gefühlen auf.

Ich wiederhole mich hier gerne noch einmal, damit keine Missverständnisse entstehen: Es geht bei der Übung der somatischen Achtsamkeit keinesfalls darum, zu einem „gefühlskalten Zombie" zu werden, sondern vielmehr die negativen Gefühle und Gedanken entweder bewusst nicht auszuagieren und körperlich im Sinne der *paulinischen Liebe* in Stille anzunehmen oder eben achtsam anderen gegenüber zu kommunizieren. Aber auch bei Letzterem müssen diese achtsam im Körper gespürt werden, z. B. während eines Gesprächs. In beiden Fällen ist die richtige Atmung die elementare Voraussetzung.

1. Schritt:
Der Atem, ein Leuchtturm und Anker

Da Zustände innerer Unruhe, seien sie durch Angst, Wut, Traurigkeit oder Gedankenspiralen gekennzeichnet, belastend und verunsichernd sind, macht es Sinn, zuallererst richtig atmen zu lernen und einen geeigneten „Beschützer einzuladen". Das wird Ihnen die notwendige

Sicherheit geben, um später mit Ihren nicht akzeptierten Gefühlen, Gedanken und anderen abgelehnten Persönlichkeitsanteilen gut zu arbeiten. Stellen Sie sich daher einen vertrauten Menschen vor, der hinter Ihnen steht und Ihnen Kraft und Schutz gibt. Es dürfen auch ein Tier, eine Gottheit oder ein spiritueller Lehrer sein bzw. alles, was Ihnen verlässlich den Rücken stärkt.

Normalerweise läuft unsere Atmung unbewusst und automatisch ab. Dass wir überhaupt bzw. ohne unser aktives Zutun atmen können, wird durch das autonome Nervensystem geregelt, das alle Abläufe im Körper steuert, die ohne unsere Mitarbeit funktionieren. Anders als bei den Organfunktionen, die ebenfalls von diesen Nervenbahnen gesteuert werden, können wir jedoch willentlich in die Atmung eingreifen und die Kontrolle übernehmen. Wenn wir achtsam in unserem Atem verweilen, kann er uns auf vieles hinweisen. In einem Bild gesprochen ist er wie ein Leuchtturm, der uns schon von Weitem warnt, wenn wir mit unserem geistig-emotionalen „Körperschiff" Gefahr laufen, im Lebensalltag Schiffbruch zu erleiden. Wenn wir z.B. wütend werden oder Angst bekommen, beschleunigt sich unsere Atmung automatisch. Sie zeigt uns also schon „von Weitem", dass etwas nicht in Ordnung ist. Doch dessen müssen wir uns durch kontinuierliche Achtsamkeitsarbeit bewusst werden. Haben wir unsere Aufmerksamkeit in solchen Momenten auf unser Atmen ausgerichtet, können wir frühzeitig gegensteuern, um nicht massiv in einen Konflikt hineingezogen zu werden bzw. „Schiffbruch" zu erleiden.

Ist unser Innenleben wegen eines Konfliktes bereits deutlich durcheinandergeraten, kann unser Atem wie ein Anker sein, um uns Halt zu geben. Das ist z.B. dann der Fall, wenn wir uns emotional oder gedanklich bereits auf „hoher See", d.h. zum Beispiel in einem völligen Gedanken-Karussell oder in einem massiven Streit befinden. Mit der Konzentration auf die Atmung kann es uns gelingen, nicht von den hohen Wellen eines Konfliktes fortgespült zu werden, sondern Halt in uns zu finden. Deshalb ist es wichtig, immer wieder zu überprüfen, wie wir atmen, bzw. zu schauen, ob unsere Atmung ruhig oder unruhig ist.

Übung 1: Atmen lernen

Setzen Sie sich in Meditationshaltung auf einen Stuhl oder gehen Sie spazieren. Wenn Sie lieber sitzen, schließen Sie am besten die Augen, damit Sie nicht durch visuelle Reize abgelenkt werden. Sollte Ihnen das unangenehm sein, lassen Sie die Augen geöffnet. Halten Sie den Rücken gerade. Stellen Sie sich Ihren „Beschützer" vor, wie er Ihnen den Rücken stärkt. Nehmen Sie dann Ihren Atem wahr. Er kann schnell, langsam, kurz, ungleichmäßig, ruhig etc. sein. In einer ersten leichten Übung atmen Sie langsam, sanft und natürlich in den Unterbauch ein bzw. tun so, als ob der Atem in den Unterbauch einströmen würde. Dabei hebt sich die Bauchdecke bis zum Zwerchfell, beim Ausatmen senkt sie sich wieder. Zählen Sie die Atemzüge jeweils beim Einatmen mit. Achten Sie außerdem auf die (kurze) Pause, die nach dem Ausatmen bzw. bis zum nächsten Einatmen entsteht. Es sind also drei Aspekte wichtig: das Einatmen, das Ausatmen und die Pause zwischen Aus- und Einatmen. Lassen Sie es am Anfang vielleicht zehn Atemzüge oder etwas weniger sein, auf die Sie in der beschriebenen Weise bewusst achten. Mit etwas Übung können Sie sich langsam steigern und bis 100 Atemzüge oder auch mehr fortfahren. Sobald Sie sich sicherer fühlen, lassen Sie das Zählen weg. Es gibt jedoch nichts zu beschleunigen.

Wenn Sie morgens und abends am ehesten eine Ruhephase haben, ist es ratsam, die Übung in diese Zeiten zu legen, aber natürlich ist auch jede andere Tageszeit möglich. Für den einen sind anfänglich fünf bewusste Atemzüge morgens und abends richtig, für den anderen zehn und für wieder jemand anderen sind es nur zwei. Fühlen Sie sich mit der Atempraxis vertraut, können Sie es sich zudem zur Gewohnheit werden lassen, zusätzlich einmal pro Stunde oder gar alle halbe Stunde für etwa drei Atemzüge den Atem zu beobachten. Wenn Ihnen das zu viel wird, lassen Sie es einfach wieder weg.

Zusätzliche Hinweise zur Atempraxis

Da sich beim Einatmen immer automatisch eine körperliche Spannung (Sympathikus-Aktivierung) aufbaut und beim Ausatmen der Körper entspannt (Parasympathikus-Aktivierung), ist es sinnvoll, besonders auf das Ausatmen zu achten. Trotzdem geht es darum, den Atem möglichst so fließen zu lassen, wie er gerade ist, und ihn lediglich als Zeuge zu beobachten. Fangen Sie beispielsweise nicht an, das Ausatmen aufgrund seines Entspannungseffektes bewusst länger ziehen zu wollen. Ihr Atmen darf so sein, wie es ist, und Sie dürfen darin so sein, wie Sie sind. Folgen Sie dem Atem-Rhythmus ohne Anstrengung. Mit etwas Übung atmen Sie irgendwann erst dann ein, wenn Sie von ganz allein den Impuls dazu bekommen. Wenn darüber hinaus das Ausatmen länger als das Einatmen dauert und Sie eine Pause zwischen Aus- und Einatmen machen, haben Sie das ideale Atmen erreicht. Indem Sie den Atem so eine Weile fließen lassen, werden Sie möglicherweise ein inneres Loslassen und Getragensein spüren.

Haben Sie an einem Tag für Ihre Übungen keine Zeit, macht das nichts, solange Sie es schaffen, eine regelmäßige Übungsroutine aufzubauen. Prüfen Sie tagesabhängig, was Sie können, und steigern Sie sich langsam, aber stetig. Außerdem zählt die Qualität des Atmens und nicht, wie viele Atemzüge Sie auf einmal schaffen. Die Übung der Achtsamkeit – bzw. hier das achtsame Atmen – ist kein Sport, bei dem es Preise für maximale Leistungen zu gewinnen gibt. Auf die beschriebene Weise zu atmen ist eher eine wohltuende Medizin, die gut und individuell dosiert sein will, damit sie im positiven Sinne wirkt. Wie in der Medizin gilt auch für die Atempraxis: Die Dosis macht das Gift! Deshalb ist Folgendes wichtig: Sobald Sie feststellen, dass Sie beim Üben unruhig werden, ja vielleicht sogar ein nervöses Kribbeln spüren, sollten Sie die Übung beenden.

Zusammenfassung:
- Ich richte mich auf das Üben aus und sorge für entsprechenden (inneren) Raum.
- Ich bin mit meinem Beschützer verbunden und spüre ihn in meinem Rücken.
- Ich atme sanft, langsam und natürlich in den Unterbauch ein. Dabei hebt sich die Bauchdecke bis zum Zwerchfell; beim Ausatmen senkt sie sich wieder. Ich zähle die Atemzüge zumindest am Anfang mit.
- Ich beobachte die Atmung als Zeuge, ohne sie beeinflussen zu wollen.

- Ich achte auf drei Phasen: das Einatmen, das Ausatmen und auf den Moment zwischen Aus- und Einatmen.
- Ich warte, bis der Impuls zum Einatmen von allein einsetzt, und lasse den Atem frei fließen.
- Ich lasse das Zählen immer mehr weg und achte auch tagsüber in regelmäßigen Abständen auf meine Atmung.
- Ich steigere meine Achtsamkeit auf den Atem behutsam und kontinuierlich und mache eine Pause, wenn ich unruhig werde.

2. Schritt:
Den eigenen Körper als heiligen Tempel erkunden

Im Neuen Testament (1 Kor 6,19) heißt es, dass der „Leib ein Tempel des Heiligen Geistes"[145] sei. In der Mahabharata, einem berühmten indischen Sanskrit-Epos, wird die Bedeutung des Körpers ebenfalls hervorgehoben. So heißt es dort, die Seele bewohne den Körper.[146] Ich möchte Sie deshalb dazu einladen, Ihren Körper als einen besonderen Ort zu verstehen, in dem es viel zu erkunden gibt.

Übung 2: Den Körper erkunden

Nachdem Sie Ihren persönlichen Beschützer wieder dazu eingeladen haben, Ihnen den Rücken zu stärken, konzentrieren Sie sich erneut für einige Sekunden auf den Atem. Beobachten Sie ihn als Zeuge. Atmen Sie sanft, langsam und natürlich in den Unterbauch ein, sodass sich die Bauchdecke bis zum Zwerchfell hebt. Beim Ausatmen senkt sie sich wieder.

Richten Sie dann Ihre Aufmerksamkeit auf Ihren oberen Brustkorb und verweilen Sie in diesem Bereich für eine gefühlte halbe Minute. Danach wandern Sie mit Ihrer Aufmerksamkeit den Körper abwärts und verweilen an verschiedenen Körperstellen genauso lange, bis Sie in der Leistengegend angekommen sind. Machen Sie an mindestens fünf Stationen halt! Beobachten Sie einfach nur, wie sich Ihr Körper an der jeweiligen Stelle anfühlt, und nehmen Sie mögliche körperliche Empfindungen als Zeuge wahr. Vielleicht spüren Sie Wärme, Weite, Leichtigkeit oder Enge, Taubheit, Eingeschnürtsein oder auch ein Aufgeblasensein, Druck etc. Auftauchende negative Gefühle und Gedanken lassen Sie mit den jeweiligen körperlichen Empfindungen zu, wie sie sind, d. h., Sie registrieren sie als solche, schenken ihnen aber nicht weiter Beachtung. Sobald Sie sich wegen einer Empfindung unbehaglich fühlen, gehen Sie zur Atmung zurück und konzentrieren sich nur auf diese. Im schlechtesten Fall beenden Sie die Übung.

Sie können auch in der Leistengegend anfangen und sich nach oben arbeiten oder Sie starten bei den Füßen oder am Kopf, wenn Ihnen dabei wohler ist. Es gibt keine bestimmte Reihenfolge. Den Brust- und Bauchbereich sollten Sie aber immer miteinbeziehen, weil sich dort die meisten körperlichen Empfindungen bzw. Körpergefühle zeigen. Wichtig ist, sich auf diese einzulassen und sie entdecken zu wollen. Wenn Sie einen achtsamen Durchgang geschafft haben, beenden Sie die Übung.

Fühlen Sie sich bereit weiterzumachen? Wenn ja, dann probieren Sie die nächste Übung aus.

3. Schritt:
Einen sicheren Ort im eigenen Tempel finden

Neben Ihrem Beschützer im Rücken, der Atempraxis und dem ersten achtsamen Erspüren körperlicher Empfindungen ist es außerdem sinnvoll, in sich einen Ort zu finden, an dem Sie sich sicher und geborgen fühlen. Es ist ein Ort, an den Sie in Verbindung mit Ihrer achtsamen Atmung immer zuerst zurückkehren, wenn es im Außen mal wieder „brennt" bzw. nachdem Sie gemerkt haben, dass Sie projiziert haben. Es geht darum, ein sicheres Zuhause in sich selbst zu finden und zu etablieren.

Warum ist das wichtig? Es gibt viele Unwägbarkeiten im täglichen Leben, die Ihren inneren Frieden und damit auch die Konzentration auf die Atempraxis bzw. die Achtsamkeitsarbeit stören können. Schaffen Sie es, einen geschützten Ort in sich zu finden und auch in schwierigen

Situationen aus dieser Präsenz heraus zu handeln, gibt Ihnen das Kraft und Selbstvertrauen im täglichen Leben und hilft Ihnen, die Achtsamkeitsarbeit nicht aus dem Blick zu verlieren. Wie finden Sie diesen Ort?

Übung 3

Stellen Sie sich wieder Ihren beschützenden Helfer im Rücken vor und nehmen Sie einige achtsame Atemzüge. Tasten Sie dann Ihren Körper mit Ihrer Aufmerksamkeit ab, wie Sie es in Übung 2 kennengelernt haben. Nachdem Sie einen Übungsdurchlauf hinter sich haben, treten Sie in direkten „Gesprächskontakt" mit Ihrem Körper. Fragen Sie ihn: „Lieber Körper, wo fühle ich mich in dir sicher und geborgen? Wo finde ich Halt in dir?" Warten Sie auf die erste Antwort, die Ihnen in Form eines Gedankens in den Sinn kommt, wie z. B. „Herz". Typischerweise müssten Sie an dieser Körperstelle dann Empfindungen der Leichtigkeit, Weite, Wärme etc. spüren.

Statt mit einem Gedanken zu antworten, kann es genauso gut passieren, dass Ihr Körper nonverbal reagiert. In diesem Fall lenkt er Ihre Aufmerksamkeit auf die betreffende Körperstelle, wie z. B. den Bauchraum, wodurch Ihnen ebenfalls Ihr sicheres Zuhause im Körper klar werden kann. Geben Sie diesen Körpergefühlen dort Raum und spüren Sie ihnen als beobachtender Zeuge achtsam nach. Haben Sie beim ersten Üben noch keinen Erfolg, versuchen Sie es in regelmäßigen Abständen immer wieder. Wenn Sie keinen solchen Platz im Körper finden, können Sie sich auf den Unterbauch konzentrieren und in diesen hineinspüren. Warum?

Exkurs: Chakren

In mehreren Kulturen ist der Bereich unterhalb des Bauchnabels, d. h. in der Lendengegend, ein wichtiger Ort, dem man viel Lebensenergie zuschreibt. Dieses Zentrum nennen die Japaner *Hara* und die zirkulierende Lebenskraft *Ki*. In der Traditionellen Chinesischen Medizin oder im Qigong ist es das mittlere *Dantian* und die Energie nennt sich *Chi* oder *Qi*. In der Yoga-Tradition ist es das *Svadhisthana*-Chakra, das zweite Haupt-Chakra, und die Energie heißt *Prana*.[147] Die darin wohnende Kraft ist natürlich nicht nur auf dieses Zentrum zu begrenzen, sie steht vielmehr für die universelle Lebensenergie, die je nach Kultur unterschiedlich genannt wird.

Unter einem Chakra verstehen Hindus bzw. Yogis ein subtiles, mit bloßem Auge nicht sichtbares Energiezentrum.[148] Sie lehren, dass es sieben Haupt-Chakren mit unterschiedlichen Qualitäten gibt.[149] Eine zentrale Qualität des *Svadhisthana*-Chakras leitet sich aus dessen Übersetzung ab. *Sva* bedeutet im Sanskrit *eigen* und kann auch *mein*, *dein* etc. heißen. *Adhisthana* kann mit *Standplatz*, *Residenz*, *Fundament* übersetzt werden.[150] Insofern ist es naheliegend, dass dieses Chakra in der spirituellen Vergangenheit Indiens als das Zuhause im Körper angesehen wurde. Es ist ein Ort, wo wir sicher sind. Nach hinduistischem Verständnis ist *Svadhisthana* außerdem das Zentrum für unsere ungefilterten Emotionen.[151] Das heißt, es spielt eine wesentliche Rolle für das Empfinden und den Ausdruck von Gefühlen und Stimmungen.

Spüren Sie also dort in den Körper hinein. Vielleicht finden Sie dann Ihren sicheren Ort. Immer wenn Ihnen körperliche Empfindungen bzw. negative Gefühle und Gedanken zu viel werden, macht es Sinn, sich zuerst in Ihrem heiligen Ort zu verankern und die Konzentration auf die Atmung zu lenken. Das gilt natürlich auch für alle Konfliktsituationen des täglichen Lebens oder sobald Sie das Gefühl haben, Schutz, Halt und Sicherheit zu brauchen. Sollten Sie keinen solchen Raum im Körper finden, können Sie die anderen Übungen trotzdem durchführen. Der heilige Ort ist keine Voraussetzung für die noch folgenden Übungen.

Zusammenfassung:

- Ich frage meinen Körper nach einem Ort in ihm voller Sicherheit, Schutz, Halt und Geborgenheit.
- Nachdem ich mir diese Frage gestellt habe, achte ich auf eine mögliche gedankliche Antwort oder folge intuitiv meiner Aufmerksamkeit im Körper.
- Ich spüre den körperlichen Empfindungen in diesem Körperbereich nach. Spüre ich dort Weite, Leichtigkeit oder Wärme, ist es der richtige Ort.
- Wenn ich keinen solchen Raum im Körper finde, kann ich mich im Unterbauch, drei bis vier Zentimeter unterhalb des Bauchnabels, zentrieren und dort möglicherweise die Qualitäten des heiligen Ortes in mir spüren.

4. Schritt:
Die somatische Achtsamkeit verfeinern

Heranführung

Verinnerlichen Sie die Schritte 1-3 als Vorübungen weiter, sodass sie irgendwann automatisch ablaufen. Haben Sie keinen heiligen Ort gefunden, üben Sie nur die ersten beiden Schritte. In den nun folgenden Hauptübungen (Teile A, B und C) lernen Sie, die auf den Körper bezogene Achtsamkeit zu präzisieren und auf projizierendes Verhalten hin zu spezifizieren. In Teil D stelle ich Ihnen zusätzliche Methoden vor, die Ihnen helfen, die Situation wieder unter Kontrolle zu bringen, sobald negative Gefühle oder Gedanken sehr stark zu spüren sind, was bei projizierendem Verhalten durchaus verstärkt vorkommt.

Natürlich können Sie sich darüber hinaus in Ihrer Achtsamkeitspraxis viele weitere vergangene Situationen in Erinnerung rufen, die für Sie belastend waren und mit negativen Gefühlen und Gedanken behaftet sind. Auch mit ihnen können Sie sich körperbezogen auseinandersetzen. Das heißt, Sie brauchen sich nicht nur auf projizierendes Verhalten zu konzentrieren, um von den Wirkungen der Achtsamkeit zu profitieren. Wenn Sie sich zudem fragen, wie es wäre, wenn etwas Negatives in der Zukunft eintreten würde, können Sie sogar vorrausschauend mögliche unangenehme Gefühle und Gedanken mit der Achtsamkeit bearbeiten.

Für Ihre Übungspraxis sind zusammenfassend folgende Schritte wichtig: Beschützer einladen, Verankerung im Atem (und im heiligen Ort), den Körper mental erkunden sowie die nun folgenden Schritte A, B, C und je nach Bedürfnis bzw. Schwierigkeit auch Teile aus Schritt D.

A. Die richtige Frage stellen, Körperbereiche für Gefühle und Gedanken lokalisieren und körperliche Empfindungen spüren

Die richtige Frage stellen

Wie bereits erwähnt macht es Sinn, sich als regelmäßige Übung Situationen in Erinnerung zu rufen, in denen Sie abgelehnte Identitätszustände wie z.b. Gefühle oder Eigenschaften auf andere projizierten. Fragen Sie sich zuerst, wie Sie diese bewerten. Damit öffnen Sie die emotional-gedankliche Dimension dessen, was Sie projizieren. Das heißt, im Nachgang zu Ihrer Frage werden die zum projizierenden Verhalten passenden negativen Gefühle und Gedanken wieder zutage treten (z.B. Angst oder Wut). Es kann aber auch sein, dass Sie traurig werden, oder Sie empfinden Schuld, Neid oder Gefühle der Habgier etc. Neben den Gefühlen können auf der geistigen Ebene Gedanken der Übertreibung, zu Zwängen oder Verboten auftauchen. Denkbar sind auch solche, bei denen Sie sich und andere strafen wollen oder Angst haben, bestraft zu werden. Ihre Gedanken können außerdem pessimistisch, lamentierend oder gar destruktiv sein. Und es sind noch viele weitere Gedanken möglich.

Gefühle und Gedanken lokalisieren

Spielen wir die Zusammenhänge im Einzelnen durch. Nachdem Sie Ihren Beschützer eingeladen, entsprechend achtsam geatmet und Ihren Körper ebenso achtsam bzw. mental erkundet haben, nehmen Sie eine Ihrer projizierenden Verhaltensweisen zur Hand, die Sie im ersten Teil dieses Buches erarbeitet haben. Stellen Sie sich z.B. folgende bewertende Frage: „Wie finde ich, dass [mein Chef sehr autoritär ist = *innerer Feind „Autorität"*/mein Vater geizig ist = *innerer Feind „Eigenschaften"*/ meine Frau ständig Fehler macht = *innerer Feind „Fehler"*/ich meinen Sohn öfter beschuldige, wenn er ... = *innerer Feind „Schuld"* etc.]?" Dann könnte, passend zur jeweiligen Frage, eine der folgenden kurzen Antworten in Ihrem Geist auftauchen: „Er/sie ist [ein mieser Typ/Flasche/ zu nichts zu gebrauchen/ ein ungezogener Junge etc.]". Lokalisieren Sie diese(n) Gedanken im Körper und fragen Sie sich: „Wo im Körper spüre ich den Gedanken [mieser Typ etc.]?" Möglicherweise „spricht" Ihr Körper jetzt nicht klar mit Ihnen, sondern Ihre Aufmerksamkeit wird wie mit einer unsichtbaren Hand an eine bestimmte Körperstelle gezogen, wie z.B. den Unterbauch. Stattdessen kann Ihr Körper ganz direkt antworten und Ihnen gedanklich mitteilen: Unterbauch!

Es ist außerdem möglich, dass auf Ihre Eingangsfrage hin neben den Gedanken auch Gefühle auftauchen, wie z.B. Wut, oder aber die Gefühle machen sich schon vor den Gedanken bemerkbar. Möglich ist auch, dass der jeweils andere Aspekt (Gefühl oder Gedanke) erst Minuten später hinzukommt. In jedem Fall lokalisieren Sie dann die jeweiligen Gefühle/Gedanken wie oben beschrieben, indem Sie fragen, wo sich diese im Körper befinden.

Körperliche Empfindungen spüren

Wenn Sie den betroffenen Körperbereich zu Ihren bewertenden Gedanken und/oder Gefühlen aufgespürt haben, fragen Sie sich im nächsten Schritt: „Welche körperlichen Empfindungen spüre ich im Unterbauch bei dem Gedanken/Gefühl [mieser Typ/Wut etc.]?" Vielleicht fühlen Sie jetzt eine Art Aufgeblasensein, Druck oder etwas anderes. Entscheidend ist, sich ganz auf die lokalisierte Körperstelle und die dortigen Empfindungen einzulassen und die unterschiedlichen Körpergefühle als Zeuge wahrzunehmen. Die Orte, an denen sie zu spüren sind, können sich zudem im Übungsprozess verändern. Daher ist es wichtig, ihnen am Körper mit der Aufmerksamkeit zu folgen und sie immer wieder mithilfe der oberen Fragen lokal einzugrenzen. Auf diese Weise lernt man, besser mit ihnen umzugehen.

B. Sich mit mutigem Blick Gefühle und Gedanken ganz erlauben und richtig atmen

Sich mit mutigem Blick Gefühle und Gedanken erlauben

Während Sie Ihren Empfindungen zu Ihren Gefühlen und Gedanken in einem bestimmten Körperbereich achtsam nachspüren, ist es elementar das, was Sie dort wahrnehmen, genau anzuschauen. Diese erhöhte und gerichtete Aufmerksamkeit bezeichne ich als mutigen Blick oder als „Scheinwerferblick", da Sie jetzt vielleicht zum ersten Mal Gefühlen oder Gedanken direkt „ins Auge" sehen, die mit projizierendem Verhalten zu tun haben. Erlauben Sie sich diese so vollständig wie möglich. Dazu gehört, die innere Haltung zu entwickeln, dass negative emotional-gedankliche Zustände so lange bleiben dürfen, wie sie wollen. Sagen Sie sich also z.B. in Gedanken: „Meine Wut darüber, dass mein Chef autoritär ist, und mein Aufgeblähtsein im Unterbauch dürfen ganz da sein. Ich erlaube ihnen, so lange dort zu bleiben, wie sie wollen." Dadurch geben Sie Ihren Gefühlen und Gedanken nicht nur eine kurzfristige Daseinsberechtigung, sondern Sie lassen sie so vollständig wie möglich zu. Mit dieser Formulierung geben Sie Ihrer Selbstliebe noch einen zusätzlichen Impuls und laden Ihre nicht akzeptierten Persönlichkeitsaspekte im paulinischen Sinne maximal annehmend zu sich „nach Hause" ein.

Fokussierte Atmung

Während Sie Ihren körperlichen Empfindungen weiter nachspüren, nutzen Sie zusätzlich Ihre Atmung – jetzt aber etwas anders als in den Vorübungen. Atmen Sie möglichst sanft, ruhig und natürlich, d.h. nicht überzogen, in den Unterbauch ein, sodass sich die Bauchdecke bis zum Zwerchfell leicht anhebt, und stellen Sie sich vor, Sie würden durch die Stelle des Körpers ausatmen, an der Sie das jeweilige Gefühl oder den jeweiligen Gedanken verspüren. Sie richten also beim Ausatmen Ihre Aufmerksamkeit auf diese Körperstelle. Das nenne ich fokussierte Atmung. Tun Sie das so lange, bis sich der entsprechende Körperbereich entspannt, d.h., bis dort mehr Leichtigkeit, Weite, Lockerung oder gar Wärme zu spüren sind.

Das fokussierte Atmen ist wichtig, weil es einen deutlichen Entspannungseffekt an der entsprechenden Stelle bewirkt. Tritt dieser schließlich ein, dann haben Sie ein im Körper-Geist abgespeichertes und nicht akzeptiertes Gedanken- bzw. Gefühlsmuster zum ersten Mal aufgebrochen und damit den Anfang gemacht, sich mehr selbst zu lieben bzw. ein projizierendes Verhalten wieder zu integrieren. Sehr wahrscheinlich geht dieser Prozess mit einigen gescheiterten Versuchen einher. Mit der Zeit werden Sie aber Fortschritte machen.

C. Zusatzinfos für die Arbeit mit einigen der projizierenden Verhaltensweisen

Im ersten Kapitel haben Sie bei manchen projizierenden Verhaltensweisen auch die jeweils dazu passenden positiven Gegenaspekte erarbeitet. Das war bei den Themen *Eigenschaften, Talente, Schwächen, Kindheitsverletzungen* und *Bedürfnissen* der Fall. In der konkreten Achtsamkeitsmeditation arbeiten Sie jetzt mit beiden Seiten.

Nachdem Sie Ihren Beschützer wieder eingeladen, entsprechend geatmet, Ihren Körper mental abgetastet und womöglich Ihren sicheren Ort im Körper aufgesucht haben, lesen Sie sich zuerst einen Aspekt aus Ihrer Liste vor, der positiv ist, d.h. eine Stärke, ein Talent, ein erfülltes Bedürfnis etc. Danach werden die entsprechenden positiven Gefühle und Gedanken in Ihnen auftauchen. Spüren Sie diesen nach, indem Sie die körperlichen Empfindungen dazu ganz bewusst zulassen. Sie geben Ihnen viel positive Kraft, um Ihre projizierten Merkmale leichter bearbeiten zu können.

Widmen Sie sich dann einem Verhalten oder Gefühl, das Sie schon einmal projiziert haben bzw. an anderen Menschen des Öfteren kritisieren. Fragen Sie z.B. bei den unerfüllten Bedürfnissen: „Wie finde ich, [dass mein bester Freund zu wenig Geld hat und deshalb unzufrieden ist]?" Bei den Kindheitsverletzungen können Sie fragen: „Wie finde ich, [dass mein Vater verletzt ist, wenn ich ihm nicht zuhöre]?" Bei den Schwächen fragen Sie vielleicht: „Wie finde ich, [dass meine Frau ständig unpünktlich ist etc.]?" Im Nachgang werden die dazu passenden negativen Gefühle und Gedanken auftreten, denen Sie im weiteren Verlauf der Achtsamkeitsmeditation so lange im Körper nachspüren (wie in den Teilen A/B beschrieben), bis sie wieder weggehen. Wechseln Sie daraufhin zu einem positiven Aspekt und spüren Sie diesem nach, bevor Sie wieder mit projizierten Persönlichkeitsaspekten arbeiten.

Speziell bei den unerfüllten Bedürfnissen ist einschränkend zu sagen, dass Sie wohl nicht alles Ungestillte einfach „wegmeditieren" können. Jedoch stellt sich durch die gerichtete Achtsamkeit auf diese Bedürfnisse irgendwann - zumindest bei manchen von ihnen - eine körperliche Erleichterung bzw. Entspannung ein. Das bedeutet, dass Sie einige von ihnen loslassen konnten. Sie spielen in der Gegenwart keine Rolle mehr. Andererseits dürften Sie nun mehr Klarheit darüber gewinnen, was Ihnen im Leben tatsächlich noch fehlt. Das müssten Sie sich jedoch selbst erfüllen, sobald Sie dazu die Möglichkeit haben. Von allein werden offene Bedürfnisse nicht gestillt werden. Es braucht hierfür Ihre aktive Handlung.

D. Hilfestellung bei Schwierigkeiten

Nur atmen und sich im Raum orientieren

Was tun Sie, wenn die körperlichen Empfindungen anfangen, unkontrollierbar im Körper zu wandern, oder sich nicht zur Entspannung bringen lassen? Versuchen Sie in einem solchen Fall, Ihre Körpergefühle mit den Fragen aus Teil A neu zu lokalisieren und zu definieren und spüren Sie ihnen achtsam nach, wie in Teil B beschrieben. Stellt sich in Verbindung mit der fokussierten Atmung immer noch keine Entspannung ein, ist es ratsam, mit der Aufmerksamkeit vom Körper ganz wegzugehen. Dasselbe gilt, wenn es Ihnen einfach nicht gelingen mag, eine „verhärtete" Körperstelle zu entspannen, d.h. körperliche Empfindungen der Weite, Wärme, Leichtigkeit etc. hervorzurufen. Konzentrieren Sie sich in beiden Fällen nur auf den Atem – ohne Fokussierung – und suchen Sie Ihren heiligen Ort auf, sofern Sie einen haben. Versuchen Sie so ruhig, langsam und natürlich wie möglich in den Unterbauch einzuatmen, sodass sich die Bauchdecke beim Einatmen bis zum Zwerchfell hebt und beim Ausatmen senkt, und zählen Sie die Atemzüge, wenn es

Ihnen hilfreich erscheint. Machen Sie außerdem ein paarmal die Augen auf und zu und fixieren Sie verschiedene Gegenstände um Sie herum, ohne diese zu bewerten. Sollten Sie die Übung draußen machen, beobachten Sie die Bäume, einen Fluss, Häuser etc. Warum ist das wichtig? Indem Sie sich ohne Bewertung in Ihrer Umgebung umschauen und auf den Atem konzentrieren, machen Sie im Vergleich zum bisherigen Umgang mit Ihren negativen Gefühlen und Gedanken etwas Neues. Sie entladen dadurch die emotional-gedankliche „Überspannung", die Sie nicht am Körper „abarbeiten" können, ohne sie weiter an anderen Menschen auszuagieren. Dadurch rufen Sie eine Gegenreaktion zu Ihrem bisherigen emotional-gedanklichen Negativmuster hervor.

Nach einigen Minuten des fixierenden Umschauens bzw. wenn Sie sich wieder bereit fühlen, erneut Ihre Körpergefühle innerlich „anzuschauen", gehen Sie mit Ihrer Aufmerksamkeit an die Körperstelle zurück, an der Sie zuvor die starken körperlichen Empfindungen gespürt haben. Machen Sie dann weiter, wie Sie es in Schritt A/B gelernt haben. Dadurch kann die Entspannungsreaktion an dieser Körperstelle letztlich doch einsetzen. Gehen Sie in diesem Übungsprozess insgesamt gut mit sich um. Sie erlernen keine neue Sportart, in der Sie in kürzester Zeit der Beste sein und Höchstleistungen erbringen müssen!

Die Atmung bewusst verlangsamen

Sollte Ihre Gefühlsreaktion so stark sein, dass die Methode aus dem letzten Abschnitt nicht zur Entspannung der betroffenen Körperstellen führt, dann probieren Sie als Alternative die verlangsamte Atmung (in Kombination mit weiteren Methoden) aus. Dadurch können Sie ebenfalls eine starke Gegenreaktion zu Ihren negativen Gefühls- und Gedankenzuständen hervorrufen und in einen entspannten Zustand gelangen.

Auch bei dieser Form des Atmens arbeiten Sie mit der bereits im Übungs-Abschnitt *Atmen lernen* erklärten Bauchatmung - nur eben verlangsamt. Beim Einatmen zählen Sie hierbei bis 3 und atmen, ohne den Atem anzuhalten und so lange Sie können, weiterzählend aus. Das heißt: (einatmen) 1, 2, 3, (ausatmen) 4, 5, 6, 7, 8, 9 ...). Fangen Sie langsam an und steigern Sie sich bei der Dauer des Ausatmens. Vielleicht endet das erste Ausatmen schon, nachdem Sie bis 10 (inklusive Einatmen) gezählt haben. Versuchen Sie, im Laufe der Zeit das Ausatmen zu verlängern, bis Sie bei 15 oder 20 (inklusive Einatmen) angekommen sind.

Die Hand auf eine Körperstelle legen

Sie können zusätzlich zur verlangsamten Atmung eine Hand auf die Körperstelle legen, an der Sie starke körperliche Empfindungen wahrnehmen, und so den „betroffenen" Körperbereich ebenfalls entspannen. Dieser haptische Impuls kann eine positive Gegenreaktion zu Ihren aufgewühlten Gefühlen fördern. Womöglich hilft Ihnen das, die Situation neu zu bewerten und dadurch auf eine neue Weise zu reagieren bzw. den betroffenen Körperbereich wieder zu entspannen. Probieren Sie aus, ob Sie eher mit der verlangsamten Atmung, mit dem Handauflegen oder beidem zusammen zurechtkommen.

Bilder zu verschiedenen Gefühlen visualisieren

Als Alternative zum Handauflegen können Sie ein Bild an der Körperstelle visualisieren, an der sich Ihre negativen Gefühle und Gedanken besonders stark zeigen. Angenommen Sie spüren starke Wut. Stellen Sie sich vor, dass dieses Gefühl in einem Meer aus Liebe versinkt. Das Meer ist golden und ewig weit. Alles versinkt in ihm. Ausnahmslos. Die goldene Farbe des Meeres schenkt außerdem Vertrauen. Dadurch verstärken Sie Ihre bisherige Gegenreaktion, die das alte Gefühlsmuster bzw. Ihr projizierendes Verhalten durchbrechen kann. Natürlich ist dieses Bild nur eine Möglichkeit. Finden Sie selbst passende Visualisierungsbeispiele.

Auch bei Angst können Sie ein Bild an der entsprechenden Körperstelle visualisieren. Wenn Sie etwas Bedrohliches wahrnehmen, stellen Sie sich z.B. wieder das goldene, weite Meer vor. Haben Sie jedoch Angst davor, etwas Neues zu beginnen – d.h., wenn Sie mutlos sind –, dann ist es sinnvoll, im passenden Körperbereich ein Bild der Freude zu visualisieren. Sie können sich dort beispielsweise ein lachendes Kind vorstellen, das die betreffende Körperstelle neugierig erkunden möchte.

Fühlen Sie sich sehr traurig, ist das Bild des lachenden Kindes ebenfalls zu empfehlen.

Wichtiger Hinweis: Sollten alle diese Alternativen aus Abschnitt D nichts nützen, um Ihren Körper bzw. verschiedene Körperstellen wieder zu entspannen, brechen Sie die gesamte Achtsamkeitsschulung bis auf die Atempraxis ab. Wenn Sie jedoch selbst beim achtsamen Atmen (Übung 1) schnell unruhig werden bzw. des Öfteren schon bei wenigen Atemzügen ein nervöses Kribbeln spüren, ist es ratsam, auch damit dauerhaft aufzuhören.

6. Sich eine neue (innere) Welt schaffen

Wie leicht könnte ein Mensch sein Leben und
die Welt verbessern, wenn er sich sicher sein könnte,
die Früchte der Samen zu ernten, die er gepflanzt hat.

Das Prinzip des Säens und Erntens

Im vorigen Kapitel haben Sie gelernt, wie Sie projizierte *innere Feinde* lieben und dadurch integrieren können. Ihre daraus gewachsene Selbstliebe lässt sich jedoch noch vergrößern, indem Sie Ihr Ich-Erleben zusätzlich aktiv positiv gestalten.

Wenn Sie vor Ihrem inneren Auge einen schönen Garten entstehen lassen, können Sie die Zusammenhänge am leichtesten verstehen. Stellen Sie sich vor, in fruchtbare Erde Samen auszusäen und regelmäßig zu gießen. Nach einer gewissen Zeit werden die Samen anfangen zu sprießen. Jeder, der gerne im Garten arbeitet und das erste Grün am Boden sieht, kennt wahrscheinlich die Freude, wenn die Arbeit erfolgreich war. Während Sie darauf warten, bis die Saat aufgegangen ist, begnügen Sie sich jedoch mit der liebevollen Sorge sowie der Hoffnung und dem Glauben, dass das, was Sie gesät haben, auch irgendwann sichtbar zutage tritt und Früchte trägt.

Ich erinnere mich gut daran, als ich ein kleiner Junge war und Zitronenkerne in einen Topf säte. Meine Freude über den ersten Grünschimmer war riesig. Alle paar Tage hatte ich die Kerne gegossen, sie immer wieder in die Sonne gestellt und gehofft, dass daraus ein Zitronenbaum würde. Offen gesagt wusste ich bis dahin noch gar nicht, wie Zitronenbäume überhaupt aussehen. Mir gefielen die gelben Früchte und ich brachte sie in meiner Vorstellung mit dem sonnigen Süden in Verbindung. Deshalb wollte ich gern einen eigenen Zitronenbaum ziehen. Während der Zeit des Wartens suchte ich nach Bildern von diesen Bäumen, weil ich wissen wollte, wie sie tatsächlich aussehen. Ich hoffte und glaubte daran, dass aus einem meiner Kerne ebenfalls ein so schöner Baum werden würde. Warum erzähle ich Ihnen das?

Säen wir etwas auf fruchtbaren Boden und pflegen es entsprechend, wächst daraus etwas Neues, sofern alle weiteren Bedingungen wie das entsprechende Saatgut, die Witterungsverhältnisse etc. gegeben sind. Und als Menschen sind wir ebenfalls ein Teil der Natur, ein Bestandteil des Ganzen. Deshalb lassen sich meiner Meinung nach die Zusammenhänge über das Säen und Ernten auch auf den Menschen übertragen. Das heißt, wir ernten das Erleben von uns selbst, welches wir gedanklich gesät haben.

Unsere Gedanken sind die Vorstufe unserer Handlungen und deshalb Samen bzw. kommunikative Botschaften, die, wenn wir sie denken, gleichsam in jenes „intelligente Feld" unseres Körper-Geistes übertragen bzw. „gepflanzt" werden, das ich in Kapitel 4 im Zusammenhang mit der Arbeit der Neurowissenschaftlerin Candace Pert erwähnt habe. Das heißt, denken wir z. B. nun gezielt und häufig, dass wir respektvoll sind, tritt dieser Gedanke schließlich als erlebbare Wirklichkeit bzw. „Ernte" in Erscheinung, indem wir uns im Alltag vermehrt und spontan so fühlen und/oder von anderen Menschen eine entsprechende Rückmeldung bekommen.

So weit die Theorie!

In der Praxis ernten wir aber nicht automatisch das, was wir gedanklich säen bzw. uns wünschen, genauso wenig wie der Landwirt sichergehen kann, dass er am Ende des Sommers eine satte Ernte einfährt, auch wenn er seinerseits alles richtig gemacht hat. Das kennt wahrscheinlich jeder in irgendeiner Form, denn sonst könnten wir uns ja beim „Universum" alles bestellen und würden es dann auch bekommen. Was könnten wir also tun, um die Wahrscheinlichkeit zu erhöhen, wirklich das zu ernten, was wir säen?

Wesentliche Aspekte zur Umsetzung einer neuen (inneren) Welt

Glaube

Als ich mir diese Frage stellte, kam mir als Erstes in den Sinn, dass ich an das glauben sollte, was ich mir wünsche bzw. erleben will. Was aber ist Glaube? Glaube ist einerseits etwas, was wir für wahr halten, obwohl wir den Wahrheitsgehalt einer Sache weder wissenschaftlich untersucht haben noch in aller Gänze überprüfen können. Andererseits verwenden wir das Verb *glauben* in der Alltagsprache auch in anderen Bedeutungen. Wenn wir z.b. glauben, dass wir krank werden, weil wir erste Symptome spüren, stellen wir eine Vermutung über unser Kranksein an und/oder wir erwarten, krank zu werden. Wenn wir schließlich erkältet sind und daran glauben zu genesen, erwarten wir unsere Heilung und vertrauen darauf, dass es so sein wird. Im Glauben schwingen folglich neben dem Aspekt, etwas für wahr zu halten, weitere Bedeutungen mit, nämlich: Erwartung, Vermutung und Vertrauen. All diese Glaubensmerkmale wiederum kommen im Placebo-Effekt zum Tragen. Dadurch kann die Wirkung des Glaubens indirekt wissenschaftlich über die Placebo-Forschung überprüft werden. Diese Möglichkeit ist wichtig, wenn wir den Glauben als wirksames bzw. nachprüfbares Mittel heranziehen wollen, um unser Ich-Erleben im Sinne der Selbstliebe zu steigern.

Placebo-Effekt und dessen Erforschung

Ein Placebo (lat.: *Ich werde gefallen*) ist ein Scheinmedikament, d.h. eine Tablette ohne Arzneistoff. Verbessert sich nach der Einnahme eines solchen Präparates der Gesundheitszustand eines Patienten, spricht man vom Placebo-Effekt.

Mit einem praktischen Beispiel wird die faktische Wirkung von Placebos greifbar. In einer Studie, die die Neurologin Ulrike Bingel durchführte, wurden gesunde Probanden Schmerzreizen ausgesetzt. Das Schmerzempfinden wurde mithilfe von Gehirnaktivitätsmessungen abgebildet. Außerdem mussten alle Teilnehmer ihre Schmerzintensität auf einer Skala bewerten, woraus man einen Durchschnittswert berechnete. Dann spielte man auf dieser Basis drei Szenarien durch. Einmal bekamen die Probanden – ohne ihr Wissen – ein Schmerzmittel, wodurch deren Schmerzempfinden in Relation zum Durchschnittswert um knapp 17 % sank. Das Mittel wirkte folglich objektiv, d. h. ohne Einflussmöglichkeit der Versuchsteilnehmer. Bei gleicher Dosierung des Schmerzmittels wies man die Probanden beim zweiten Versuch ausdrücklich darauf hin, dass sie jetzt ein Schmerzmittel bekämen. Daraufhin sank deren Schmerzwert um mehr als 40 % im Verhältnis zum Durchschnittswert. Beim dritten Versuch sagte man den Probanden, sie würden das Schmerzmittel jetzt nicht mehr bekommen und hätten deshalb mehr Schmerzen zu erwarten. In Wahrheit wurde das Schmerzmittel dennoch verabreicht, jedoch konnte es kaum etwas ausrichten.[152]

Was wirkte also bei diesem Experiment wirklich? Der Glaube bzw. seine Einzelbestandteile! Wie ging das wohl vor sich?

Als man im zweiten Versuch den Probanden sagte, dass sie nun ein Schmerzpräparat bekommen, mussten sie – begründet durch ihre Lebenserfahrung – dessen Wirkfähigkeit grundsätzlich für wahr halten, und so konnte es seine volle Wirkung entfalten. Überspitzt formuliert: Jemand, der nicht weiß, dass es Schmerzmittel überhaupt gibt und dass sie bei Schmerzen helfen, wird nach der Gabe eines solchen Präparates wahrscheinlich eine deutlich geringere Schmerzlinderung spüren als jemand, der weiß, dass Schmerzmittel wirksam sind. Das heißt, ohne den grundsätzlichen Glauben an die Wirkung von Schmerzmitteln (Wahrheitsglaube) wäre der schmerzlindernde Effekt wohl deutlich geringer gewesen. Die Teilnehmer des dritten Versuchs erwarteten bzw. vermuteten eine Verschlimmerung der Schmerzen, weil man es ihnen sagte. Sie dachten vielleicht daraufhin: „Oje, gleich wird es noch viel mehr als vorher wehtun." Dass dann das im Geheimen eingesetzte Schmerzmittel nur geringfügig wirken konnte, zeigt, welch zielgerichtete Kraft unserer Erwartungshaltung bzw. Vermutung – was ebenfalls Ausdrücke des Glaubens sind – zugrunde liegt.

Und was ist mit dem Vertrauen beim Placebo-Effekt, was den letzten Aspekt des Glaubens darstellt? Hätten die Probanden im zweiten Versuch des Schmerz-Experiments die Wirkung des gegebenen Schmerzpräparates gedanklich infrage gestellt, d. h., hätten sie seinem Effekt nicht bzw. nur bedingt vertraut, hätte das durchaus Einfluss auf die tatsächliche Wirkung haben können. Man hätte den Versuchsteilnehmern z. B. die Falschinformation geben können, dass der Hersteller des Präparats in der Vergangenheit immer wieder durch schlechte Qualität auffällig geworden sei, obwohl man in Wahrheit ein richtig gutes Mittel verabreichte. Wahrscheinlich wäre die lindernde Wirkung weniger stark gewesen, als wenn man den Teilnehmern bei einem weiteren Versuch gesagt hätte, dass sie jetzt den Porsche unter den Schmerzmitteln bekämen. Wie komme ich zu dieser Vermutung?

Wie wir im Kapitel zur Erforschung der *Körper-Geist-Immunsystem-Einheit* (Kapitel 4) bereits gesehen haben, können gerichtete Gedanken sogar spezifische Immunsubstanzen hervorbringen bzw. vermehren. Warum sollten sie dann nicht auch durch misstrauende Gedanken die Wirkung eines Medikaments verringern oder vielleicht sogar vereiteln können? Insofern braucht es sicher auch Vertrauen in die Wirkung eines (Schein-)Medikaments, damit es seinen Effekt erzielen kann. Wenn wir folglich intensiv daran glauben, dass die Gedanken, die wir in das intelligente Feld unseres Körper-Geistes „hineinsäen", tatsächlich zur Realität werden, haben wir – ähnlich wie bei der Vermehrung von Immunsubstanzen durch Autosuggestion – eine höhere Chance, das zu ernten, was wir wollen.

Welche weiteren Faktoren könnten unsere „Ernte-Chancen" für ein positiveres Ich-Erleben begünstigen? Ein weiterer wichtiger Aspekt ist unser Körper.

Entspannter Körper

Wenn wir z. B. großzügiger sein wollen, was mit dem Körpergefühl der Weite verbunden ist, und diesen Gedanken als Samen in unser Feld säen, aber es uns gleichzeitig vor Geiz den Brustkorb zuschnürt, werden wir diese Eigenschaft wohl kaum entwickeln. Sagt der Körper also zu allem Positiven Nein, was sich der Geist ausdenkt, indem er z. B. verkrampft, können wir uns zwar viel Großzügigkeit erdenken, aber ohne dass sich etwas in der Wirklichkeit davon zeigen wird. Das ist so, weil Körper und Geist eng miteinander verwoben sind (siehe Kapitel 4) und deshalb der Körper die Bemühungen des Geistes zunichtemachen kann. Es braucht also ein passendes Zusammenspiel zwischen körperlichem Zustand und Gedanken, um das zu „erschaffen", was wir ernten wollen.[153]

Deshalb macht es Sinn, weiterhin körperlich und achtsam am Geiz zu arbeiten. Indem wir die Körperpartien, die sich bei geizigem Verhalten zusammenziehen, immer wieder in unseren Achtsamkeitsübungen zur Entspannung bringen, nehmen wir den Geiz zunehmend geduldig an. Damit öffnet sich mehr Raum dafür, tatsächlich großzügig zu sein. Insofern ist es wichtig, weiterhin körperliche Achtsamkeit zu üben, um körperliche Empfindungen des Drucks, der Verkrampfung, Einengung etc. als Ausdruck negativer Gefühle und Gedanken in Leichtigkeit, Weite, Wärme umzuwandeln und gleichzeitig die Gedanken auf z.B. mehr Großzügigkeit auszurichten. Ein weiterer wesentlicher Punkt, um das Ich-Erleben nachhaltig positiv auf mehr Selbstliebe zu fokussieren, ist, sich die passenden Gedanken in geeigneter Form innerlich vorzusprechen.

Positive und strukturierte Gedanken säen und positiv emotional aufladen

Mahatma Gandhi hat einmal gesagt, dass wir selbst der Wandel sein müssen, den wir in der Welt sehen wollen. Was könnte das in Bezug auf unsere Gedankenwelt bedeuten? Indem wir unser Denken nachhaltig ändern, kann auch die erdachte Veränderung real in unser Leben treten! Diese Behauptung wird im Römerbrief (Röm 12,2) unterstützt, in dem es heißt, wir sollen uns nicht der Welt angleichen, sondern uns wandeln und unser Denken erneuern.[154] Im selben Geist entgegnet Jesus dem wichtigsten Gelehrten Israels, Nikodemus, auf die Frage, wie man neu geboren werden könne, um das Reich Gottes zu sehen. Er meint, dass man dafür u.a. aus dem Geist geboren werden müsse (Joh 3,1-5).[155]

Für einen Wandel im Leben macht es somit Sinn, das Denken nachhaltig zu ändern, was durch strukturierte, konzentrierte, klare und wiederkehrende Gedanken möglich ist. Säen und pflegen wir jedoch Mangel-Gedanken, wie sie z.B. durch Forderungen zum Ausdruck kommen, ernten wir, dass andere von uns fordern. Umgekehrt ist es möglich, Fülle zu ernten, wenn wir uns entsprechend gedanklich einstimmen. Positive Gedanken sollten demnach das Saatgut für unsere neue, liebevolle (innere) Wirklichkeit sein. Je realer Sie sich beim Einüben in Ihre neuen Gedanken emotional hineinfallen lassen, d.h., je eher Sie auch Freude empfinden, wenn Sie sich sagen, dass Sie großzügig, geliebt, geschätzt etc. sind, desto größer ist die Chance, dass dieses Ich-Erleben auch spürbar spontan und häufig im täglichen Leben eintritt. Das ist so, weil z. B. das Gefühl der Freude im realen Leben mit positiven Gedanken wie *großzügig sein, geliebt sein* etc. in Verbindung steht. Es gibt noch weitere Aspekte, die elementar sind, um das eigene Ich-Erleben tatsächlich zu verändern.

Ich-Perspektive und Ist-Zustand einnehmen sowie Gedanken mit (inneren) Bildern verknüpfen

Wichtig ist außerdem, dass Sie Ihre neuen Gedanken, also Ihr „Saatgut", in der Ich-Perspektive und im Ist-Zustand formulieren. Würden Sie z. B. sagen: *Ich werde geborgen sein*, hat das immer etwas mit der Zukunft zu tun, d. h., es bleibt immer unerreichbar. Der richtige gedankliche Samen ist also: *Ich bin geborgen*. Wenn Sie diesen Gedanken regelmäßig wiederholen, taucht irgendwann ein Bild in Ihrem Bewusstsein auf, das diesem Gedanken entspricht. Jedes Mal, wenn Sie nun Ihr neues Ich-Erleben üben, verbinden Sie diesen Gedanken mit diesem Bild, indem Sie es vor Ihrem geistigen Auge aufrufen. Auch bei allen anderen Gedanken bietet Ihnen Ihr Gehirn bzw. ihr Körper-Geist wahrscheinlich irgendwann Bilder an. Verbinden Sie auch hier Ihre Gedanken mit den auftauchenden Bildern. Diese bildlichen Vorstellungen stehen für Aspekte, die Sie bereits zu diesem Gedanken kennen, d. h., sie verbinden alte und neue Neuronen-Gruppen miteinander und verschalten dadurch Ihre neuronalen Netzwerke passend zu Ihrem gewünschten Ich-Erleben.

Wichtig ist zu verstehen, dass Ihre Gedanken nicht so bildhaft und deutlich vor Ihrem inneren Auge sichtbar sein müssen, wie Sie es z. B. aus einem Bilderbuch oder dem Fernsehen kennen. Zu einem innerlich gesprochenen Gedanken kann genauso gut eine gedankliche Information auftauchen, die Sie sich dann als Bild vorstellen. Was heißt das? Angenommen Sie würden sich im meditativen Zustand z. B. sagen, dass Sie geborgen sind (*Ich bin geborgen*), dann könnte statt des zu diesem Gedanken passenden Bildes, nämlich z. B. einer Wiege, nur der Gedanke „Wiege" als Information in Ihrem Geist auftauchen. Diese Information stellen Sie sich dann als Bild – bzw. als Wiege – vor. Zudem sind drei weitere Faktoren wichtig.

Dankbarkeit und Loslassen

Nachdem Sie sich Ihre neuen Gedanken innerlich vorgesprochen haben, lassen Sie sie los. Das funktioniert ungefähr so, wie wenn Sie im Garten etwas gepflanzt haben und danach wieder nach Hause gehen in der Hoffnung und dem Vertrauen, dass Ihre Bemühungen Früchte tragen werden. Und es ist auch wichtig, dankbar für Ihr neues Ich-Erleben zu sein, wenn Sie sich als Ergebnis Ihrer Bemühungen tatsächlich z.B. großzügiger fühlen. Andererseits zu denken, Sie könnten selbstverständlich wie auf Knopfdruck Ihre Wirklichkeit verändern, wäre vermessen.

Chancen zur „Ernte" ergreifen

Wenn Sie z.B. positive Gedanken zum Thema Großzügigkeit in Ihr Körper-Geist-Feld gesät haben und im realen Leben die Chance verpassen, diese anzuwenden, wenn Sie die Möglichkeit dazu bekommen, bringen auch die besten Gedanken nichts. Sie verweigern sich damit dem tatsächlichen Wandel in Ihrem Leben. Aus diesem Grund sollten Sie die realen Gelegenheiten nutzen, um Ihr neues Ich zu erleben. Unter Beachtung all dieser Punkte setzen Sie nun Ihr neues Ich-Erleben um.

Das positive Ich-Erleben in die Tat umsetzen

Nehmen Sie ein Blatt Papier zur Hand, auf dem Sie all die Dinge formulieren, die Sie ernten wollen. Sie können hierfür die Vorlage am Ende dieses Abschnitts benutzen und den Satz *Ich wünsche mir, dass ich ...* in der linken Spalte beenden. Diese Gedanken sind die Basis für Ihr neues Ich-Erleben. Wünschen Sie sich z.b., dass Sie großzügig sind, dann schreiben Sie in einem zweiten Schritt in die rechte Spalte *Ich bin großzügig*. Das wäre nun einer Ihrer neuen selbstliebenden Gedanken, den Sie in der Hoffnung und dem Glauben, dass dessen erlebbare Realität in Ihr Leben tritt, in das intelligente Feld Ihres Körper-Geistes säen. Sicher wird Ihnen nicht sofort alles für Ihr neues Ich-Erleben einfallen. Vervollständigen Sie Ihre Liste daher im Laufe der Zeit mit immer mehr „Gedanken-Samen".

Wenn Sie Ihre Ideen zumindest zum Teil entworfen haben, reservieren Sie sich täglich 15-30 Minuten, um die folgende Übung durchzuführen. Ob Sie nun insgesamt vier Wochen, sechs Monate oder Ihr Leben lang üben, hängt von Ihren Zielen ab. Es dürfte klar sein, dass Sie, wenn Sie 20, 30 oder mehr Jahre nach einem bestimmten „Mix" aus negativen Gefühlen, Gedanken, Glaubenssätzen etc. gelebt haben, sich nicht in vier Wochen völlig verändern können. Vielmehr ist beständiges Üben notwendig. Je regelmäßiger Sie das tun, desto höher ist die Wahrscheinlichkeit, Erfolg zu haben. Denn Ihre neuen Nervenverbindungen verstärken sich durch den Wiederholungseffekt bzw. es verschalten sich Ihre Gedanken mit den inneren Bildern immer mehr. Es ist außerdem empfehlenswert, morgens nach dem Aufwachen zu üben, weil Sie in dieser Zeit tendenziell noch wenig mit den belastenden Gedanken des Tages konfrontiert sind. Ich empfehle Ihnen, beim Üben in Meditationshaltung zu sitzen oder zumindest in Ruhe auf einem Stuhl Platz zu nehmen, den Rücken gerade zu halten und die Augen zu schließen, damit Sie so wenig wie möglich abgelenkt werden. Sie können auch im Liegen üben, bevor Sie morgens aufstehen – vorausgesetzt Sie schlafen dabei nicht wieder ein.

Säen und Ernten

Ich wünsche mir, dass ich ...   Ich bin ...

Zusammenfassende Übung zu diesem Kapitel

Fassen wir nun die wesentlichen Aspekte für ein neues Ich-Erleben in einem abschließenden Beispiel zusammen. Tasten Sie Ihren Körper in gewohnter Weise mental von unten nach oben oder von oben nach unten ab. Das versetzt Ihren Körper in Ruhe und Sie schaffen die passende Ausgangsposition, wirklich etwas Neues zu beginnen. Fangen Sie erst mit dem konkreten Säen neuer positiver Gedanken an, wenn Sie zumindest ein leichtes Lächeln auf den Lippen haben, welches das Ergebnis Ihrer körperlichen Entspannung ist. (Solange Ihr Körper verkrampft, fallen positive Gedanken auf dürren Boden.) Nehmen Sie dann die Gedanken zur Hand, die Sie erarbeitet haben, und sprechen Sie sich diese innerlich als Ist-Zustand vor.

Nachdem Sie einen Gedanken formuliert haben, empfangen Sie wahrscheinlich ein dazu passendes Bild bzw. eine Bild-Information. Versuchen Sie, das so deutlich wie möglich wahrzunehmen, und spüren Sie die aufkommenden körperlichen Empfindungen. Vielleicht fühlen Sie Wärme, Leichtigkeit und Weite. Wenn Sie kein Bild empfangen, spüren Sie den körperlichen Auswirkungen des liebevollen Gedankens trotzdem so gut wie möglich körperlich nach und lassen Sie diese zu. Dadurch laden Sie sich mit der positiven emotionalen Dimension Ihrer Gedanken auf. Verfahren Sie auf diese Weise mit allen Gedanken. Zum Schluss bedanken Sie sich für all das, was Sie jetzt sind, und lassen Ihre Bild-Gedanken los. Vertrauen Sie darauf, dass das intelligente Körper-Geist-Feld anfängt, in Ihrem Sinne zu arbeiten, und Sie die gefühlte Wirklichkeit Ihrer Gedanken unverhofft und häufig in Alltagssituationen „ernten" werden. Halten Sie täglich die Augen nach Möglichkeiten offen, um z. B. großzügig zu sein, und ergreifen Sie dann die Chance dazu, sobald sie sich bietet.

Abschließende Bemerkungen

Ich empfehle Ihnen, stets Ideen zu verwenden, die potenziell dem Wohl aller Lebewesen dienen. Es gibt in dieser Welt schon genug Ungleichgewicht. Befinden Sie sich jedoch in einer Notlage, ist es etwas anderes. Falls z. B. Ihr Haus gepfändet werden soll, dürfte Sie das durchaus motivieren, Ihre eigene Lebensgrundlage zu sichern und sich deshalb entsprechend gedanklich darauf auszurichten. Sie können also Ihr neues Denken auf all das beziehen, was Sie in Ihrem Leben verwirklichen wollen. Wichtig ist wiederum, die Dinge als bereits real zu formulieren, wie z. B.: „Ich verbringe meinen Winterurlaub auf einer kleinen Farm in Timbuktu und arbeite mit vielen Tieren und Menschen in einem Sozialprojekt."

Natürlich kann es dennoch passieren, dass sich trotz Ihrer investierten Zeit Ihr Erleben der Welt nicht (völlig) ändert. Möglicherweise haben Sie sogar zuweilen das Gefühl, dass Sie sich selbst gar nicht so erleben, wie Sie sich das erdacht haben. Vielleicht ist auch erst einmal das Gegenteil der Fall. Ich möchte Ihnen keine falschen Hoffnungen machen. In kleinen, aber kontinuierlichen Schritten kann es Ihnen trotzdem gelingen, Ihr Ich-Erleben in Ihrem Sinne nachhaltig zu verändern.

Ein Traum als Nachwort

Ich träume von einer Welt, in der jeder die volle Verantwortung für das übernimmt, was er fühlt und denkt.

Ich bin überzeugt, dass andere Menschen zwar Auslöser für die eigenen negativen Gefühle und Gedanken sein können, aber die Verantwortung, sich um sie zu kümmern, trägt jeder selbst.

Ich wünsche mir deshalb, dass möglichst viele Menschen damit aufhören, Ihre Mitmenschen auf der Basis Ihrer negativen Gefühle und Gedanken dafür zu kritisieren und zu verurteilen, wie sie sind. Ich hoffe stattdessen, dass sie innehalten und bei sich selbst überprüfen, was z. B. Wut, Angst, Neid, Gier und Traurigkeit mit Ihnen selbst zu tun haben.

Ich träume von einer Welt, in der viele Menschen den Weg der körperlichen Achtsamkeit gehen, um sich mit ihren negativen Gefühlen, Gedanken sowie projizierendem Verhalten auseinanderzusetzen.

Ich wünsche mir also eine Erde, in der wir unsere projizierten *inneren Feinde* nicht nur erkennen, sondern auch die dazu passenden Gefühle und Gedanken im Körper so umfassend wie möglich achtsam aufspüren und zulassen, sie gänzlich fühlen und dazu einladen, so lange im Körper zu bleiben, wie sie wollen, bis sie wieder vergehen.

Ich hoffe, dass wir dann bis in die tiefsten Tiefen unserer Existenz im Körper ehrlich annehmen, wie wir wirklich gerade sind und wer wir theoretisch sein könnten.

Ich glaube, es ist auf diese achtsame Weise möglich, alles „Unkraut" an starken negativen Gedanken und Gefühlen aus dem eigenen inneren Garten zu entfernen und dadurch projizierte *innere Feinde* wieder zu integrieren. Und ich hoffe, dass damit auch das, was viele Menschen als das „Böse" erachten, im eigenen Inneren überwunden werden kann.

Ich bin überzeugt, dass sich als Folge davon auch die innere Einstellung vieler Menschen verändert und jeder den anderen als gleichberechtigtes Wesen wahrnimmt, auch wenn der andere nicht unbedingt zum Freund wird.

Und ich träume außerdem davon, dass mithilfe der Achtsamkeit jeder Mensch nicht nur mitfühlender wird, sondern zugleich fähig, stets das zu tun, was er für richtig hält.

Denn ich glaube, wenn wir körperlich achtsam sind, verbessert sich zusätzlich unser Unterscheidungsvermögen, sodass wir klarer das sehen, was für uns richtig und was falsch ist, weil unsere negativen Gefühle und Gedanken die Sicht auf die Dinge weniger vernebeln.

Ich denke, jeder sollte auf diesem achtsamen Weg – Mahatma Gandhi folgend – selbst der Wandel sein, den er in der Welt sehen will. Darauf zu warten, dass sich die gewünschte Veränderung von allein einstellt, daran glaube ich nicht.

Ich träume den Traum, dass, wenn wir uns mithilfe der körperorientierten Achtsamkeit in aller Gänze selbst lieben, jeder seinen Nächsten genauso so liebt wie sich selbst und auch seine Feinde zu lieben vermag, weil er seine *inneren Feinde* in deren Auflösung besiegt hat.

Danksagung

Ein Buch entsteht nie alleine. Das ist zwar ein Standardsatz am Ende eines Buches, doch Wahrheiten darf und sollte man immer wieder sagen. Deshalb möchte ich mich zuallererst bei meiner Lektorin Anke Schenker bedanken, die meinen Text bravourös geschliffen und poliert hat. Auch Claudia Stenzel danke ich für eine erste Korrektur einer früheren Version, Michaela Bielawski für das Layout, die ansprechende Gestaltung des Umschlags und den Satz sowie Christina von Elm für die gelungenen Zeichnungen. Dir, Ande, danke ich für deinen Blick von außen auf das Skript. Heiko, ein Dankeschön geht an dich, dass du mich mit Tipps zur Buchpublikation unterstützt hast, und ein weiterer großer Dank geht an die Menschen und deren Geschichten, die freiwillig oder unfreiwillig den Weg in dieses Buch gefunden haben. Mein letzter und besonderer Dank geht an dich, Dominika, weil du mir die wertvollste Unterstützung überhaupt gegeben hast: den notwendigen Raum, dieses Buch zu schreiben.

Einzelnachweise

1   Mit der Geschichte von Niklas und dem „Erleuchteten" will ich jedoch keines-
    falls sagen, dass es nicht sinnvoll sein kann, von einem Guru Dinge zu lernen, die
    man selbst nicht weiß. Problematisch wird es dann, wenn man sich in der Lehrer-
    Schüler-Beziehung emotional verstrickt bzw. der Schüler vom Lehrer so abhängig
    wird, dass er im Prinzip nicht mehr frei über sich selbst entscheiden kann.
2   Vgl. Pfeifer, Wolfgang: Etymologisches Wörterbuch des Deutschen. Berlin 1989,
    S. 1014f.
3   Vgl. ebd. S. 422.
4   Vgl. Cramer, Phebe; Porcerelli, John: Defense Mechanisms. In: Encyclopedia of
    Mental Health (Second Edition) (2016), S. 13f.
5   Vgl. Vaillant, George: Defense Mechanisms. In: Encyclopedia of Human Behavior
    (Second Edition) (2012), S. 659.
6   Vgl. Cramer, Phebe; Porcerelli, John: Defense Mechanisms. In: Encyclopedia of
    Mental Health (Second Edition) (2016), S. 15.
7   Vgl. ebd. S. 15.
8   Vgl. ebd. S. 14.
9   Vgl. ebd. S. 14.
10 Vgl. König, Karl: Abwehrmechanismen. Göttingen 1997, S. 47f.
11 Vgl. Vaillant, George: Defense Mechanisms. In: Encyclopedia of Human Behavior
    (Second Edition) (2012), S. 663 und S. 665.
12 Vgl. Niehus–Jung, Marianne (Hrsg.); C. G. Jung: Gesammelte Werke Band 6. Psy-
    chologische Typen. Zürich 1976, S. 500f.
13 Vgl. Kast, Verena: Vom Sinn der Angst. Wie Ängste sich festsetzen und wie sie sich
    verwandeln lassen. Freiburg im Breisgau 2007, S. 58.
14 Vgl. Pfeifer, Wolfgang: Etymologisches Wörterbuch des Deutschen. Berlin 1989,
    S. 52f.
15 Vgl. Kast, Verena: Vom Sinn der Angst. Wie Ängste sich festsetzen und wie sie sich
    verwandeln lassen. Freiburg im Breisgau 2007, S. 57.
16 Vgl. Lowen, Alexander: Bioenergetik. Reinbek bei Hamburg 2008, S. 136.
17 Vgl. Kast, Verena: Vom Sinn der Angst. Wie Ängste sich festsetzen und wie sie sich
    verwandeln lassen. Freiburg im Breisgau 2007, S. 58.
18 Vgl. ebd. S. 58.
19 Zitiert in: Gandhi, Arun: Wut ist ein Geschenk. Das Vermächtnis meines Großva-
    ters Mahatma Gandhi. Köln 2017, S. 20f.
20 Vgl. Kast, Verena: Vom Sinn der Angst. Wie Ängste sich festsetzen und wie sie sich
    verwandeln lassen. Freiburg im Breisgau 2007, S. 58.
21 Vgl. Ekman, Paul; Dalai Lama: Gefühl und Mitgefühl. Emotionale Achtsamkeit
    und der Weg zum seelischen Gleichgewicht. Heidelberg 2011, S. 147.
22 Vgl. ebd. S. 164.
23 Vgl. Dalai Lama: Das Buch der Menschlichkeit. Eine neue Ethik für unsere Zeit.
    Bergisch Gladbach 2000, S. 44-58 und S. 161.

24 Vgl. Myers, David G.: Psychologie. Berlin 2014, S. 441ff.

25 Vgl. Heller, Laurence; LaPierre, Aline: Entwicklungstrauma heilen. Alte Überlebensstrategien lösen. Selbstregulierung und Beziehungsfähigkeit stärken. Das Neuroaffektive Beziehungsmodell zur Traumaheilung NARM. München 2014, S. 71ff. und S. 75f.

26 Vgl. Pfeifer, Wolfgang: Etymologisches Wörterbuch des Deutschen. Berlin 1989, S. 1650.

27 Vgl. ebd. S. 1763.

28 Vgl. ebd. S. 1764.

29 Vgl. Die Bibel: Altes und Neues Testament. Einheitsübersetzung: Exodus 20,14. Freiburg 1980, S. 72.

30 Vgl. Kaufmann, Walter Arnold: Jenseits von Schuld und Gerechtigkeit. Von der Entscheidungsangst zur Autonomie. Hamburg 1974, S. 93f. und S. 102.

31 Vgl. Rosenberg, Marshall B.: Gewaltfreie Kommunikation. Eine Sprache des Lebens. Paderborn 2009, S. 152ff.

32 Vgl. zum Motiv für den inneren Feind „Autorität" ähnlich: Heller, Laurence; LaPierre, Aline: Entwicklungstrauma heilen. Alte Überlebensstrategien lösen. Selbstregulierung und Beziehungsfähigkeit stärken. Das Neuroaffektive Beziehungsmodell zur Traumaheilung NARM. München 2014, S. 101-107.

33 Vgl. Pfeifer, Wolfgang: Etymologisches Wörterbuch des Deutschen. Berlin 1989, S. 1014.

34 Vgl. Wolf, Ursula (Hrsg.); Schleiermacher, Friedrich (Übersetzung); Platon: Platon. Sämtliche Werke. Band 2. Lysis, Symposion, Phaidon, Kleitophon, Politeia, Phaidros. Reinbek bei Hamburg 2006, S. 85ff, Heranführung: S. 48f, S. 63ff, S. 75f, S. 79f.

35 Vgl. Freud, Sigmund: Abriss der Psychoanalyse. Unbehagen in der Kultur. Frankfurt am Main 1953, S. 14.

36 Vgl. Regenbogen, Arnim (Hrsg.): Wörterbuch der philosophischen Begriffe. Hamburg 1998, S. 230.

37 Vgl. Gigon, Olof; Aristoteles: Die Nikomachische Ethik. München 2006, S. 285f, S. 293f, S. 313f.

38 Vgl. Regenbogen, Arnim (Hrsg.): Wörterbuch der philosophischen Begriffe. Hamburg 1998, S. 17. / Vgl. Stauffer, Ethelbert: Agapao. In: Friedrich, Gerhard (Hrsg.): Theologisches Wörterbuch zum Neuen Testament. Band 1 A-g. Stuttgart, 1933, S. 36.

39 Vgl. ebd. S. 39.

40 Vgl. ebd. S. 38f. Der ganze Absatz bezieht sich auf diese Quelle.

41 Vgl. Nygren, Anders: Eros und Agape. Gestaltwandlungen der christlichen Liebe. Gütersloh 1954, S. 26.

42 Vgl. Schockenhoff, Eberhard: Grundlegung der Ethik. Ein theologischer Entwurf. Freiburg im Breisgau 2014, S. 297.

43 Vgl. ebd. S. 291.

44 Vgl. Stauffer, Ethelbert: Agapao. In: Friedrich, Gerhard (Hrsg.): Theologisches Wörterbuch zum Neuen Testament. Band 1 A-g. Stuttgart 1933, S. 37.

45 Vgl. Benedikt XVI.: Enzyklika Deus Caritas Est. 2005, https://w2.vatican.va/content/benedict-xvi/de/encyclicals/documents/hf_ben-xvi_enc_20051225_deus-caritas-est.html (15.03.2018).

46 Hervorhebung durch den Autor.

47 Die Bibel: Altes und Neues Testament. Einheitsübersetzung: Matthäus 22,39. Freiburg, 1980, S. 1117. Die ursprünglich kursive Schreibweise des Bibelzitats wurde aus Gründen der besseren Lesbarkeit aufgehoben.

48 Ebd. S. 1383.

49 Ebd. S. 1383. Das Bibelzitat wurde der neuen Rechtschreibung angepasst.

50 Vgl. Kuske, Martin (Hrsg.); Tödt, Ilse (Hrsg.); Bonhoeffer, Dietrich: Dietrich Bonhoeffer. Nachfolge. München 1989, S. 29f und S. 36f.

51 Vgl. ebd. S. 31ff, S. 36f und S. 38.

52 Die Bibel: Altes und Neues Testament. Einheitsübersetzung: Markus 12,30 und Matthäus 22,39. Freiburg 1980, S. 1146 und S. 1117. Die ursprünglich kursive Schreibweise wurde aus Gründen der besseren Lesbarkeit aufgehoben.

53 Ebd. S. 1215.

54 Vgl. ebd. S. 1314.

55 Vgl. ebd. S. 583-614.

56 Ebd. S. 1291.

57 Vgl. ebd. S. 1114.

58 Vgl. ebd. S. 1120f.

59 Ebd. S. 1092.

60 Wesentliche Gedanken zu der buddhistischen Geschichte sind entnommen aus: Vgl. Brahm, Ajahn: Die Kuh, die weinte. Buddhistische Geschichten über den Weg zum Glück. München 2006. S. 105-108.

61 Kabat-Zinn, Jon: Gesund durch Meditation. Das große Buch der Selbstheilung mit MBSR. München 2013, S. 23.

62 Ähnlich zu diesem Absatz: Vgl. Gunaratana, Henepola: Die Praxis der Achtsamkeit. Eine Einführung in die Vipassana-Meditation. Heidelberg 1996, S. 151ff.

63 Vgl. Ryhs Davids, Thomas W.; Stede, Wilhelm: The Pali Text Society's Pali-English Dictionary. Chipstead 1925, S. 85.

64 Vgl. Goenka, S. N.: Die Kunst zu leben. Vipassana Meditation, https://www.dhamma.org/de/about/art (16. April 2018).

65 Vgl. ebd.

66 Vgl. ebd.

67 Vgl. Hart, William: Die Kunst des Lebens. Vipassana-Meditation nach S. N. Goenka. München 2006, S. 115f. Der ganze Absatz bezieht sich auf diese Quelle.

68 Vgl. ebd. S. 117f. Der ganze Absatz bezieht sich auf diese Quelle.

69 Vgl. Mylius, Klaus: Wörterbuch Sanskrit-Deutsch. Leipzig 1999, S. 534 und S. 339.

70 Vgl. Die Bibel: Altes und Neues Testament. Einheitsübersetzung: Matthäus 22,12-13. Freiburg 1980, S. 1114.

71 Vgl. ebd. S. 1197.

72 Vgl. ebd. S. 1114.

73 Vgl. ebd. S. 1190.

74 Vgl. Stowasser, Martin: Jesu Konfrontation mit dem Tempelbetrieb von Jerusalem – ein Konflikt zwischen Religion und Ökonomie? In: Fitzenreiter, Martin (Hrsg.): Das Heilige und die Ware. Zum Spannungsfeld von Religion und Ökonomie. IBAES Vol. VII (2007), S. 42, https://www2.hu-berlin.de/nilus/net-publications/ibaes7/publikation/stowasser_ibaes7.pdf (04.03.2019).

75 Vgl. Chozen Bays, Jan: Achtsam durch den Tag. 53 federleichte Übungen zur Schulung der Achtsamkeit. Oberstdorf 2015, S. 7, S. 17, S. 19, S. 22 und 34ff.
76 Vgl. Gendlin, Eugene T.: Focusing. Selbsthilfe bei der Lösung persönlicher Probleme. Reinbek bei Hamburg 2016, S. 72-84 und S. 92.
77 Vgl. Levine, Peter A.: Vom Trauma befreien. Wie Sie seelische und körperliche Blockaden lösen. München 2013.
78 Vgl. Heller, Laurence; LaPierre, Aline: Entwicklungstrauma heilen. Alte Überlebensstrategien lösen. Selbstregulierung und Beziehungsfähigkeit stärken. Das Neuroaffektive Beziehungsmodell zur Traumaheilung NARM. München 2014.
79 Vgl. Kabat-Zinn, Jon: Gesund durch Meditation. Das große Buch der Selbstheilung. München 2013, S. 51-181.
80 Vgl. Pert, Candace B.: Moleküle der Gefühle. Körper, Geist und Emotionen. Reinbek bei Hamburg 1999, S. 286 und S. 212f.
81 Vgl. Die Bibel: Altes und Neues Testament. Einheitsübersetzung: Johannes 1,14. Freiburg 1980, S. 1195.
82 Vgl. Goswami, Amit: El libro que lo responde todo. Barcelona 2018, S. 39f, S. 42f, S. 44f, S. 46f, S. 61ff, S. 66f, S. 71ff, S. 82.
83 Vgl. Pert, Candace B.: Moleküle der Gefühle. Körper, Geist und Emotionen. Reinbek bei Hamburg 1999, S. 392f, S. 395f, S. 444, S. 31-36.
84 Vgl. ebd. S. 27-34, insbesondere S. 31f.
85 Vgl. ebd. S. 27-34 und S. 503f sowie S. 506.
86 Vgl. S. 27 und S. 33.
87 Vgl. Gerrig, Richard J.: Psychologie. Hallbergmoos 2016, S. 86 und S. 190f.
88 Vgl. Pert, Candace B.: Moleküle der Gefühle. Körper, Geist und Emotionen. Reinbek bei Hamburg 1999, S. 34, S. 272ff, S. 276ff.
89 Vgl. ebd. S. 219f.
90 Vgl. ebd. S. 33-36 und S. 210f.
91 Vgl. Sapolsky, Robert M.: Why Zebras Don't Get Ulcers. The Acclaimed Guide to Stress, Stress-Related Diseases, and Coping. New York 2004, S. 1-18, S. 19-36, S. 252ff. / Vgl. Dispenza, Joe: Schöpfer der Wirklichkeit. Der Mensch und sein Gehirn – Wunderwerk der Evolution. Burgrain 2010, S. 308 und S. 309-349. / Vgl. Kaluza, Gert: Gelassen und sicher im Stress. Das Stresskompetenz-Buch – Stress erkennen, verstehen, bewältigen. Berlin 2012, S. 22-28.
92 Vgl. Pert, Candace B.: Moleküle der Gefühle. Körper, Geist und Emotionen. Reinbek bei Hamburg 1999, S. 476f.
93 Vgl. Servan-Schreiber, David: Die neue Medizin der Emotionen. Stress, Angst, Depression: Gesund werden ohne Medikamente. München 2006, S. 51f.
94 Die Amygdala ist ein Teil des limbischen Gehirns, die neben dem Hippocampus als Speicherort für Ängste bekannt ist. Vgl. Chaaya, Nicholas et al.: An Update on Contextual Fear Memory Mechanisms: Transition between Amygdala and Hippocampus. In: Neuroscience & Biobehavioral Reviews 92 (2018), S. 43-54, https://doi.org/10.1016/j.neubiorev.2018.05.013 (26.05.2018).
95 Vgl. Servan-Schreiber, David: Die neue Medizin der Emotionen. Stress, Angst, Depression: Gesund werden ohne Medikamente. München 2006, S. 35ff.
96 Vgl. Pert, Candace B.: Moleküle der Gefühle. Körper, Geist und Emotionen. Reinbek bei Hamburg 1999, S. 217.

97   Vgl. Dispenza, Joe: Schöpfer der Wirklichkeit. Der Mensch und sein Gehirn –
     Wunderwerk der Evolution. Burgrain 2010, S. 309-349.
98   Vgl. ebd. S. 307-349 und vgl. Dispenza, Joe: Ein neues Ich. Wie Sie Ihre gewohnte
     Persönlichkeit in vier Wochen wandeln können. Burgrain 2016, S. 105ff.
99   Vgl. Sapolsky, Robert M.: Why Zebras Don't Get Ulcers. The Acclaimed Guide to
     Stress, Stress-Related Diseases, and Coping. New York 2004, S. 94-98.
100 Vgl. De Brito Guzzo Soliani, Flaviane Cristina et al.: Unpredictable Chronic Prena-
     tal Stress and Manifestation of Generalized Anxiety and Panic in Rat's Offspring.
     In: Progress in Neuro-Psychopharmacology and Biological Psychiatry 85 (2018),
     S. 89 und S. 95f.
101 Näheres hierzu erfahren Sie im Abschnitt *Forschung zum Thema Achtsamkeit* in die-
     sem Kapitel.
102 Vgl. Field, Tiffany: Prenatal Anxiety Effects: A Review. In: Infant Behavior and De-
     velopment 49 (2017), S. 121.
103 Beide Studienergebnisse sind entnommen aus: Vgl. Schubert, Christian: Was uns
     krank macht, was uns heilt. Aufbruch in eine neue Medizin. Munderfing 2016,
     S. 68f.
104 Vgl. Sapolsky, Robert M.: Why Zebras Don't Get Ulcers. The Acclaimed Guide to
     Stress, Stress-Related Diseases, and Coping. New York 2004, S. 98. Die Aussage be-
     zieht sich nur auf das Rattenexperiment und nicht auf Menschen.
105 Vgl. Hanser, Hartwig; Scholtyssek, Christine (Red.): Lexikon der Neurowissen-
     schaft. Band 2. Fgf bis Ntf: GABA-Rezeptoren. Heidelberg 2000, S. 26 (Seitenrand).
106 Vgl. Hanser, Hartwig; Scholtyssek, Christine (Red.): Lexikon der Neurowissen-
     schaft. Band 1. A bis Ffi: Benzodiazepine/Diazepam. Heidelberg 2000, S. 160 und
     325.
107 Vgl. Hanser, Hartwig; Scholtyssek, Christine (Red.): Lexikon der Neurowissen-
     schaft. Band 2. Fgf bis Ntf: GABA-Rezeptoren. Heidelberg 2000, S. 26 (Seitenrand).
108 Vgl. Möhler, Hanns: The GABA System in Anxiety and Depression and its Thera-
     peutical Potential. In: Neuropharmacology 62 (2012), S. 46.
109 Vgl. ebd. S. 50.
110 Vgl. Kaluza, Gert: Gelassen und sicher im Stress. Das Stresskompetenz-Buch –
     Stress erkennen, verstehen, bewältigen. Berlin 2012, S. 25ff und S. 34ff.
111 Vgl. Gerrig, Richard J.: Psychologie. Hallbergmoos 2016, 476f.
112 Vgl. Schubert, Christian: Was uns krank macht, was uns heilt. Aufbruch in eine
     neue Medizin. Munderfing 2016. S. 72.
113 Vgl. ebd. S. 72f und vgl. Bartens, Werner: Stress führt zu Entzündungen im Kör-
     per, ganz ohne Keime. In: Süddeutsche Zeitung online (2017), https://www.su-
     eddeutsche.de/gesundheit/medizin-stress-fuehrt-zu-entzuendungen-im-koer-
     per-ganz-ohne-keime-1.3330430 (19.01.2019).
114 Es handelt sich um Substanzen, die das Immunsystem produziert, um die körpe-
     reigene Abwehr zu steuern.
115 Vgl. Schubert, Christian: Was uns krank macht, was uns heilt. Aufbruch in eine
     neue Medizin. Munderfing 2016. S. 152f.
116 Vgl. Penz, Marlene et al.: Hair Cortisol as a Biological Marker for Burnout Sympto-
     matology. In: Psychoneuroendocrinology 87 (2018), S. 220.

117 Vgl. Bartens, Werner: Stress führt zu Entzündungen im Körper, ganz ohne Keime. In: Süddeutsche Zeitung online (2017), https://www.sueddeutsche.de/gesundheit/medizin-stress-fuehrt-zu-entzuendungen-im-koerper-ganz-ohne-keime-1.3330430 (19.01.2019).

118 Vgl. Wendeln, Ann-Christin; Degenhardt, Karoline et al.: Innate Immune Memory in the Brain Shapes Neurological Disease Hallmarks. In: Nature 556 (2018), S. 332ff, https://doi.org/10.1038/s41586-018-0023-4 (26.05.2018).

119 Vgl. Sapolsky, Robert M.: Why Zebras Don't Get Ulcers. The Acclaimed Guide to Stress, Stress-Related Diseases, and Coping. New York 2004, S. 337ff. Die Studienergebnisse hierzu basieren auf Tierversuchen an Primaten und Ratten.

120 Vgl. ebd. S. 7.

121 Beide Studienergebnisse sind entnommen aus: Vgl. Schubert, Christian: Was uns krank macht, was uns heilt. Aufbruch in eine neue Medizin. Munderfing 2016, S. 209f, S. 206f.

122 Da Achtsamkeit der wesentliche Bestandteil des MBSR-Programms ist, beleuchte ich der Einfachheit halber die Ergebnisse so, als ob sie ausschließlich von der Achtsamkeit verursacht würden, auch wenn die Einzelbestandteile und deren spezifische Wirkungsweise noch weiterer Erforschung bedürfen.

123 Vgl. Hölzel, Britta K. et al.: Mindfulness Practice Leads to Increases in Regional Brain Gray Matter Density. In: Psychiatry Research: Neuroimaging 191 (2011), S. 40ff.

124 Vgl. Zenker, Wolfgang (Hrsg.): Makroskopische und mikroskopische Anatomie des Menschen. 3. Band. Nervensystem, Haut und Sinnesorgane. München 1985, S. 7.

125 Vgl. Myers, David G.: Psychologie. Heidelberg 2008, S. 478f.

126 Vgl. Hölzel, Britta K. et al.: Mindfulness Practice Leads to Increases in Regional Brain Gray Matter Density. In: Psychiatry Research: Neuroimaging 191 (2011), S. 40. / Vgl. Goncalves, Tiago J. et al.: Adult Neurogenesis in the Hippocampus. From Stem Cells to Behavior. In: Cell 167 (2016), S. 897ff, S. 906ff, S. 909.

127 Vgl. Gerrig, Richard J.: Psychologie. Hallbergmoos 2016, S. 96, S. 276 und S. 278.

128 Vgl. Hölzel, Britta K. et al.: Mindfulness Practice Leads to Increases in Regional Brain Gray Matter Density. In: Psychiatry Research: Neuroimaging 191 (2011), S. 36 und S. 40f.

129 Vgl. Goncalves, Tiago J. et al.: Adult Neurogenesis in the Hippocampus. From Stem Cells to Behavior. In: Cell 167 (2016), S. 909.

130 Vgl. Chaaya, Nicholas et al.: An Update on Contextual Fear Memory Mechanisms. Transition between Amygdala and Hippocampus. In: Neurosciene & Biobehavioral Reviews 92 (2018), S. 43 und 48ff, https://doi.org/10.1016/j.neubiorev.2018.05.013 (26.05.2018).

131 Vgl. Hölzel, Britta K. et al.: Mindfulness Practice Leads to Increases in Regional Brain Gray Matter Density. In: Psychiatry Research: Neuroimaging 191 (2011), S. 40f.

132 Vgl. Bowlin, Stephanie, L.; Baer, Ruth, A.: Relationships between Mindfulness, Self-Control and Psychological Functioning. In: Personality and Individual Differences 52 (2012), S. 411 und S. 414.

133 Vgl. Roemer, Lizabeth et al.: Mindfulness and Emotion Regulation. In: Current Opinion in Psychology 3 (2015), S. 55.

134 Vgl. Dixon, Mark R. et al.: The Effect of Brief Mindfulness Training on Momentary Impulsivity. In: Journal of Contextual Behavioral Science 11 (2019), S. 19. / Vgl. Pinazo, Daniel et al.: Implementación de un programa basado en mindfulness para la reducción de la agresividad en el aula. In: Revista de Psicodidáctica 25, Issue 1, (2020), S. 33.

135 Vgl. Hölzel, Britta K. et al.: Neural Mechanisms of Symptom Improvements in Generalized Anxiety Disorder Following Mindfulness Training. In: NeuroImage: Clinical 2 (2013), S. 453ff, insbesondere S. 456.

136 Vgl. Carpenter, Joseph K. et al.: The Relationship between Trait Mindfulness and Affective Symptoms: A Meta-Analysis of the Five Facet Mindfulness Questionnaire (FFMQ). In: Clinical Psychology Review 74 (2019), S. 8.

137 Vgl. Gerrig, Richard J.: Psychologie. Hallbergmoos 2016, S. 203.

138 Vgl. ebd. S. 203ff.

139 Vgl. ebd. S. 205ff, insbesondere S. 207.

140 Vgl. ebd. 206f, insbesondere S. 207.

141 Vgl. Hanley, Adam W.; Garland, Eric L.: Mindfulness Training Disrupts Pavlovian Conditioning. In: Physiology & Behavior 204 (2019), S. 153f.

142 Vgl. Gerrig, Richard J.: Psychologie. Hallbergmoos 2016, S. 104f.

143 Vgl. Hebb, Donald O.: The Organization of Behavior. A Neuropsychological Theory. New York 1973, S. 62f und S. 70.

144 Vgl. Dispenza, Joe: Ein neues Ich. Wie Sie Ihre gewohnte Persönlichkeit in vier Wochen wandeln können. Burgrain 2016, S. 325ff. Der ganze Absatz bezieht sich auf diese Quelle.

145 Die Bibel: Altes und Neues Testament. Einheitsübersetzung: 1 Korinther 6,19. Freiburg 1980, S. 1285.

146 Vgl. Ray, Pratapa Chandra: The Mahabharata of Krishna-Dwaipayana Vyasa. Band Canti Parva Vol. II. Calcutta 1891, S. 323.

147 Vgl. Co, Stephen; Robins, Eric: Prana-Selbstheilung. Verbesserung von Vitalität und Abwehrkraft, sofortige Selbsthilfe bei den häufigsten Leiden und Beschwerden. München 2005, S. 29. / Vgl. Guorui, Jiao: Qigong Yangsheng. Chinesische Übungen zur Stärkung der Lebenskraft. Frankfurt am Main 2009, S. 20. / Vgl. Lübeck, Walter; Petter, Frank Arjava; Lee Rand, William: Das Reiki-Kompendium. Ein umfassendes Handbuch über das Reiki-System. Aitrang 2005, S. 13 und S. 46f. / Vgl. Osho: Das Hara Buch. Zurück zur Quelle der Lebenskraft. Köln 2009, S. 293f. / Vgl. Sharamon, Shalila; Baginski, Bodo J.: Das Chakra–Handbuch. Aitrang 1993, S. 93ff.

148 Vgl. Osho: Das Chakra-Buch. Energie und Heilkraft der feinstofflichen Körper. Köln 2010, S. 31.

149 Vgl. Anodea, Judith: Wheels of Life. A User's Guide to the Chakra System. St. Paul, Minnesota 1990, S. 13-25.

150 Vgl. Mylius, Klaus: Wörterbuch Sanskrit-Deutsch. Leipzig 1999, S. 567 und S. 26.

151 Vgl. Anodea, Judith: Wheels of Life. A User's Guide to the Chakra System. St. Paul, Minnesota 1990, S. 117 / Vgl. Sharamon, Shalila; Baginski, Bodo J.: Das Chakra–Handbuch. Aitrang 1993, S. 96f.

152 Das Studienergebnis ist entnommen aus: Vgl. Schubert, Christian: Was uns krank macht, was uns heilt. Aufbruch in eine neue Medizin. Munderfing 2016, S. 227f.

153 Vgl. Dispenza, Joe: Ein neues Ich. Wie Sie Ihre gewohnte Persönlichkeit in vier Wochen wandeln können. Burgrain 2016, S. 109f.

154 Vgl. Die Bibel: Altes und Neues Testament. Einheitsübersetzung: Römer 12,2. Freiburg 1980, S. 1275.

155 Vgl. ebd. S. 1198.

Literatur

Anodea, Judith: Wheels of Life. A User's Guide to the Chakra System. St. Paul, Minnesota 1990.

Bartens, Werner: Stress führt zu Entzündungen im Körper, ganz ohne Keime (2017). In: Süddeutsche Zeitung online, https://www.sueddeutsche.de/gesundheit/medizin-stress-fuehrt-zu-entzuendungen-im-koerper-ganz-ohne-keime-1.3330430 (19.01.2019).

Benedikt XVI.: Enzyklika Deus Caritas Est. 2005, https://w2.vatican.va/content/benedict-xvi/de/encyclicals/documents/hf_ben-xvi_enc_20051225_deus-caritas-est.html (15.03.2018).

Bowlin, Stephanie, L.; Baer, Ruth, A.: Relationships between Mindfulness, Self-Control and Psychological Functioning. In: Personality and Individual Differences 52 (2012), S. 411-415.

Brahm, Ajahn: Die Kuh, die weinte. Buddhistische Geschichten über den Weg zum Glück. München 2006.

Carpenter, Joseph K. et al.: The Relationship between Trait Mindfulness and Affective Symptoms: A Meta-Analysis of the Five Facet Mindfulness Questionnaire (FFMQ). In: Clinical Psychology Review 74 (2019), S. 1-19.

Chaaya, Nicholas et al.: An Update on Contextual Fear Memory Mechanisms: Transition between Amygdala and Hippocampus. In: Neuroscience & Biobehavioral Reviews 92 (2018), S. 43-54, https://doi.org/10.1016/j.neubiorev.2018.05.013 (26.05.2018).

Chozen Bays, Jan: Achtsam durch den Tag. 53 federleichte Übungen zur Schulung der Achtsamkeit. Oberstdorf 2015.

Co, Stephen; Robins, Eric: Prana-Selbstheilung. Verbesserung von Vitalität und Abwehrkraft, sofortige Selbsthilfe bei den häufigsten Leiden und Beschwerden. München 2005.

Cramer, Phebe; Porcerelli, John: Defense Mechanisms. In: Encyclopedia of Mental Health (Second Edition) (2016), S. 13-17.

Dalai Lama: Das Buch der Menschlichkeit. Eine neue Ethik für unsere Zeit. Bergisch Gladbach 2000.

De Brito Guzzo Soliani, Flaviane Cristina et al.: Unpredictable Chronic Prenatal Stress and Manifestation of Generalized Anxiety and Panic in Rat's Offspring. In: Progress in Neuro-Psychopharmacology and Biological Psychiatry 85 (2018), S. 89-97.

Die Bibel: Altes und Neues Testament. Einheitsübersetzung, Freiburg 1980.

Dispenza, Joe: Ein neues Ich. Wie Sie Ihre gewohnte Persönlichkeit in vier Wochen wandeln können. Burgrain 2016.

Dispenza, Joe: Schöpfer der Wirklichkeit. Der Mensch und sein Gehirn – Wunderwerk der Evolution. Burgrain 2010.

Dixon, Mark R. et al.: The Effect of Brief Mindfulness Training on Momentary Impulsivity. In: Journal of Contextual Behavioral Science 11 (2019), S. 15-20.

Ekman, Paul; Dalai Lama: Gefühl und Mitgefühl. Emotionale Achtsamkeit und der Weg zum seelischen Gleichgewicht. Heidelberg 2011.

Field, Tiffany: Prenatal Anxiety Effects. A Review. In: Infant Behavior and Development 49 (2017), S. 120-128.

Freud, Sigmund: Abriss der Psychoanalyse. Unbehagen in der Kultur. Frankfurt am Main 1953.

Gandhi, Arun: Wut ist ein Geschenk. Das Vermächtnis meines Großvaters Mahatma Gandhi. Köln 2017.

Gendlin, Eugene T.: Focusing. Selbsthilfe bei der Lösung persönlicher Probleme. Reinbek bei Hamburg 2016.

Gerrig, Richard J.: Psychologie. Hallbergmoos 2016.

Gigon, Olof; Aristoteles: Die Nikomachische Ethik. München 2006.

Goenka, S. N.: Die Kunst zu leben. Vipassana Meditation, https://www.dhamma.org/de/about/art (16. April 2018).

Goncalves, Tiago J. et al.: Adult Neurogenesis in the Hippocampus. From Stem Cells to Behavior. In: Cell 167 (2016), S. 897-914.

Goswami, Amit: El libro que lo responde todo. Barcelona 2018.

Gunaratana, Henepola: Die Praxis der Achtsamkeit. Eine Einführung in die Vipassana-Meditation. Heidelberg 1996.

Guorui, Jiao: Qigong Yangsheng. Chinesische Übungen zur Stärkung der Lebenskraft. Frankfurt am Main 2009.

Hanley, Adam W.; Garland, Eric L.: Mindfulness Training Disrupts Pavlovian Conditioning. In: Physiology & Behavior 204 (2019), S. 151-154.

Hanser, Hartwig; Scholtyssek, Christine (Red.): Lexikon der Neurowissenschaft. Band 1. A bis Fh: Benzodiazepine/Diazepam. Heidelberg 2000.

Hanser, Hartwig; Scholtyssek, Christine (Red.): Lexikon der Neurowissenschaft. Band 2. Fgf bis Ntf: GABA-Rezeptoren. Heidelberg 2000.

Hart, William: Die Kunst des Lebens. Vipassana-Meditation nach S. N. Goenka. München 2006.

Hebb, Donald O.: The Organization of Behavior. A Neuropsychological Theory. New York 1973.

Heller, Laurence; LaPierre, Aline: Entwicklungstrauma heilen. Alte Überlebensstrategien lösen. Selbstregulierung und Beziehungsfähigkeit stärken. Das Neuroaffektive Beziehungsmodell zur Traumaheilung NARM. München 2014.

Hölzel, Britta K. et al.: Mindfulness Practice Leads to Increases in Regional Brain Gray Matter Density. In: Psychiatry Research: Neuroimaging 191 (2011), S. 36-43.

Hölzel, Britta K. et al.: Neural Mechanisms of Symptom Improvements in Generalized Anxiety Disorder Following Mindfulness Training. In: NeuroImage: Clinical 2 (2013), S. 448-458.

Kabat-Zinn, Jon: Gesund durch Meditation. Das große Buch der Selbstheilung mit MBSR. München 2013.

Kaluza, Gert: Gelassen und sicher im Stress. Das Stresskompetenz-Buch – Stress erkennen, verstehen, bewältigen. Berlin 2012.

Kast, Verena: Vom Sinn der Angst. Wie Ängste sich festsetzen und wie sie sich verwandeln lassen. Freiburg im Breisgau 2007.

Kaufmann, Walter Arnold: Jenseits von Schuld und Gerechtigkeit. Von der Entscheidungsangst zur Autonomie. Hamburg 1974.

König, Karl: Abwehrmechanismen. Göttingen 1997.

Kuske, Martin (Hrsg.); Tödt, Ilse (Hrsg.); Bonhoeffer, Dietrich: Dietrich Bonhoeffer. Nachfolge. München 1989.

Levine, Peter A.: Vom Trauma befreien. Wie Sie seelische und körperliche Blockaden lösen. München 2013.

Lowen, Alexander: Bioenergetik. Reinbek bei Hamburg 2008.

Lübeck, Walter; Petter, Frank Arjava; Lee Rand, William: Das Reiki-Kompendium. Ein umfassendes Handbuch über das Reiki-System. Aitrang 2005.

Möhler, Hanns: The GABA System in Anxiety and Depression and its Therapeutical Potential. In: Neuropharmacology 62 (2012), S. 42-53.

Myers, David G.: Psychologie. Berlin 2014.

Myers, David G.: Psychologie. Heidelberg 2008.

Mylius, Klaus: Wörterbuch Sanskrit-Deutsch, Leipzig 1999.

Niehus–Jung, Marianne (Hrsg.); C. G. Jung: Gesammelte Werke Band 6. Psychologische Typen. Zürich 1976.

Nygren, Anders: Eros und Agape. Gestaltwandlungen der christlichen Liebe. Gütersloh 1954.

Osho: Das Chakra-Buch. Energie und Heilkraft der feinstofflichen Körper. Köln 2010.

Osho: Das Hara Buch. Zurück zur Quelle der Lebenskraft. Köln 2009.

Penz, Marlene et al.: Hair Cortisol as a Biological Marker for Burnout Symptomatology. In: Psychoneuroendocrinology 87 (2018), S. 218-221.

Pert, Candace B.: Moleküle der Gefühle. Körper, Geist und Emotionen. Reinbek bei Hamburg 1999.

Pfeifer, Wolfgang: Etymologisches Wörterbuch des Deutschen. Berlin 1989.

Pinazo, Daniel et al.: Implementación de un programa basado en mindfulness para la reducción de la agresividad en el aula. In: Revista de Psicodidáctica 25, Issue 1, (2020), S. 30-35.

Ray, Pratapa Chandra: The Mahabharata of Krishna-Dwaipayana Vyasa. Band Canti Parva Vol. II. Calcutta 1891.

Regenbogen, Arnim (Hrsg.): Wörterbuch der philosophischen Begriffe. Hamburg 1998.

Roemer, Lizabeth et al.: Mindfulness and Emotion Regulation. In: Current Opinion in Psychology 3 (2015), S. 52-57.

Rosenberg, Marshall B.: Gewaltfreie Kommunikation. Eine Sprache des Lebens. Paderborn 2009.

Ryhs Davids, Thomas W.; Stede, Wilhelm: The Pali Text Society's Pali-English Dictionary. Chipstead 1925.

Sapolsky, Robert M.: Why Zebras Don't Get Ulcers. The Acclaimed Guide to Stress, Stress-Related Diseases, and Coping. New York 2004.

Schockenhoff, Eberhard: Grundlegung der Ethik. Ein theologischer Entwurf. Freiburg im Breisgau 2014.

Schubert, Christian: Was uns krank macht, was uns heilt. Aufbruch in eine neue Medizin. Munderfing 2016.

Servan-Schreiber, David: Die neue Medizin der Emotionen. Stress, Angst, Depression: Gesund werden ohne Medikamente. München 2006.

Sharamon, Shalila; Baginski, Bodo J.: Das Chakra-Handbuch. Aitrang 1993.

Stauffer, Ethelbert: Agapao. In: Friedrich, Gerhard (Hrsg.): Theologisches Wörterbuch zum Neuen Testament. Band 1 A-g. Stuttgart 1933, S. 34-55.

Stowasser, Martin: Jesu Konfrontation mit dem Tempelbetrieb von Jerusalem – ein Konflikt zwischen Religion und Ökonomie? In: Fitzenreiter, Martin (Hrsg.): Das Heilige und die Ware. Zum Spannungsfeld von Religion und Ökonomie, IBAES Vol. VII(2007), S. 39-51, https://www2. hu-berlin.de/nilus/net-publications/ibaes7/publikation/stowasser_ibaes7.pdf (04.03.2019).

Vaillant, George: Defense Mechanisms. In: Encyclopedia of Human Behavior (Second Edition)(2012), S. 659-666.

Wendeln, Ann-Christin; Degenhardt, Karoline et al.: Innate Immune Memory in the Brain Shapes Neurological Disease Hallmarks. In: *Nature* 556 (2018), S. 332-338, https://doi.org/10.1038/s41586-018-0023-4 (26.05.2018).

Wolf, Ursula (Hrsg.); Schleiermacher, Friedrich (Übersetzung); Platon: Platon. Sämtliche Werke. Band 2. Lysis, Symposion, Phaidon, Kleitophon, Politeia, Phaidros. Reinbek bei Hamburg 2006, S. 103-184.

Zenker, Wolfgang (Hrsg.): Makroskopische und mikroskopische Anatomie des Menschen. 3. Band. Nervensystem, Haut und Sinnesorgane. München 1985.

Über den Autor

Simon Servani, geboren 1978, hat Politikwissenschaft, Romanische Philologie und Betriebswirtschaftslehre studiert. Er arbeitet im Bildungsbereich und ist außerdem ausgebildeter Meditations- und Entspannungslehrer.